U0536571

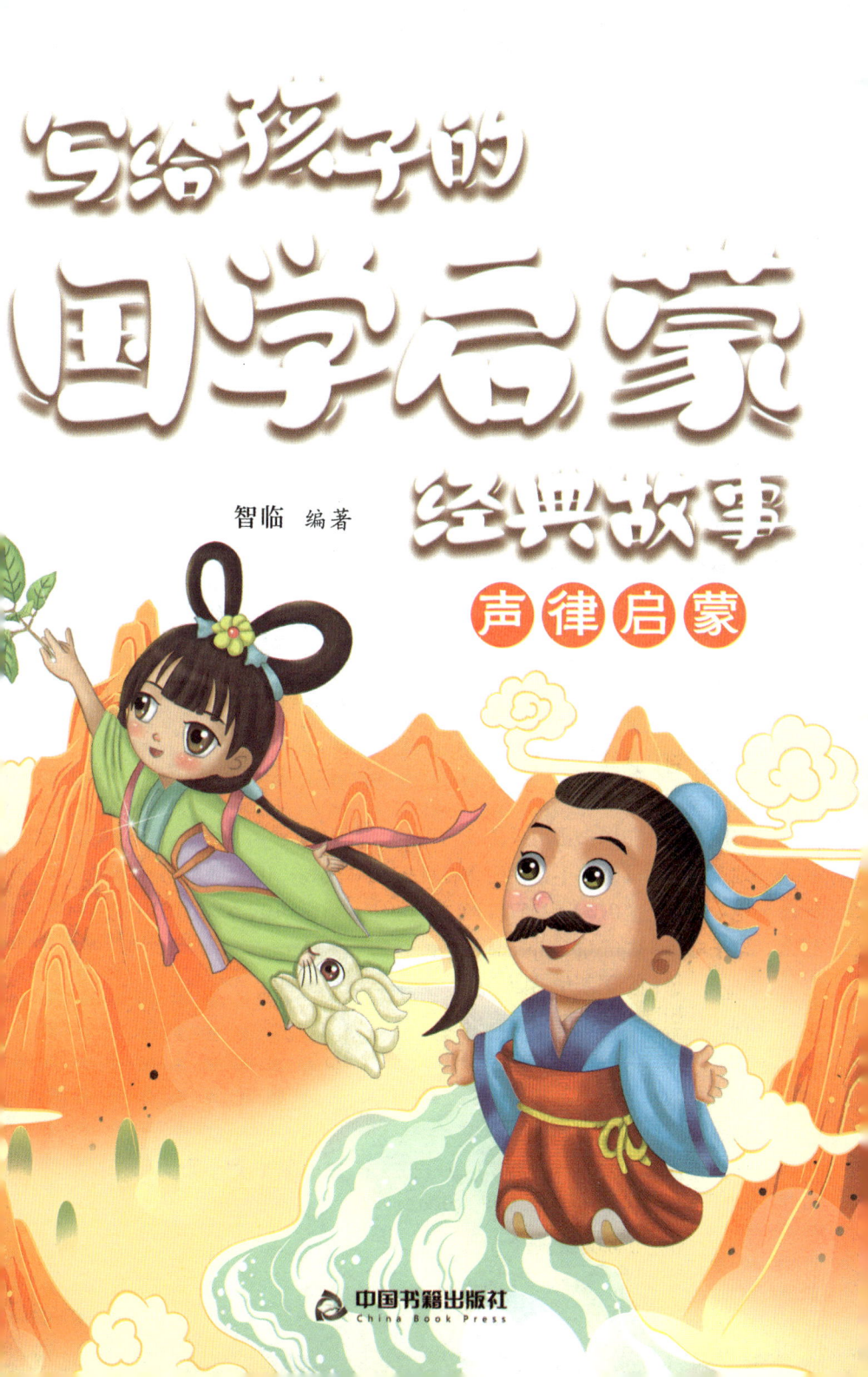

写给孩子的国学启蒙经典故事

声律启蒙

智临 编著

中国书籍出版社

图书在版编目（CIP）数据

声律启蒙 / 智临编著 . — 北京：中国书籍出版社，2022.10

（写给孩子的国学启蒙经典故事）

ISBN 978-7-5068-9209-4

Ⅰ . ①声… Ⅱ . ①智… Ⅲ . ①诗词格律－中国－启蒙读物 Ⅳ . ① I207.21

中国版本图书馆 CIP 数据核字（2022）第 183392 号

声律启蒙

智临　编著

责任编辑：	王志刚
责任校对：	朱林栋
责任印制：	孙马飞　马　芝
封面设计：	书心瞬意
出版发行：	中国书籍出版社
地　　址：	北京市丰台区三路居路 97 号（邮编：100073）
电　　话：	（010）52257143（总编室）　　（010）52257153（发行部）
电子邮箱：	chinabp@vip.sina.con
经　　销：	全国新华书店
印　　刷：	唐山楠萍印务有限公司
开　　本：	880 毫米 ×1230 毫米　　1/32
字　　数：	450 千字
印　　张：	30
版　　次：	2022 年 10 月第 1 版　2022 年 12 月第 1 次印刷
书　　号：	ISBN 978-7-5068-9209-4
定　　价：	228.00 元（全 6 册）

版权所有　翻印必究

目录 CONTENTS

上卷

一东
嫦娥奔月 …………………………… 3

二冬
冯妇打虎 …………………………… 8

三江
庄周活鲋鱼 ………………………… 12

四支
羊祜的大德大才 …………………… 16
王戎巧辨苦李 ……………………… 20

五微
刘邦斩蛇起义 ················· 24

六鱼
完璧归赵 ····················· 29

七虞
守株待兔 ····················· 34

八齐
伯乐与千里马 ················· 38
乐羊子妻 ····················· 44

九佳
豺狼当道，安问狐狸 ··········· 48

十灰
唐玄宗的音乐天才 ············· 54

十一真
老当益壮的赵充国 ············· 58

十二文
狐假虎威 ····················· 63

十三元
世外桃源 ····················· 67

十四寒

被破格录取的祖咏 ·················· 72

燕昭王"千金买骨" ·················· 76

十五删

鸡鸣狗盗 ·················· 81

下卷

一先

周成王定鼎建都 ·················· 87

黄粱一梦 ·················· 91

二萧

长孙晟一箭双雕 ·················· 96

三肴

"推敲"的故事 ·················· 101

四豪

刘伶一醉三年 ·················· 107

五歌

吕安"千里命驾" ·················· 111

六麻

擒奸酒 ·················· 116

七阳
重情重孝的潘岳 ················· 120

八庚
曾点舍瑟 ················· 124

九青
摇尾涂中 ················· 127

十蒸
老生常谈 ················· 132

十一尤
蛟龙得水 ················· 137

十二侵
戴逵摔瑟 ················· 142

十三覃
魏征劝谏太宗 ················· 147

SHANG JUAN

上 卷

一东

云对雨,雪对风,晚照对晴空。来鸿对去燕,宿鸟对鸣虫。三尺剑,六钧弓,岭北对江东。人间清暑殿,天上广寒宫。两岸晓烟杨柳绿,一园春雨杏花红。两鬓风霜,途次早行之客;一蓑烟雨,溪边晚钓之翁。

译文

云对雨,雪对风,傍晚的阳光对晴朗的天空。飞来的大雁对远去的燕子,安睡的鸟儿对鸣叫的昆虫。三尺长剑,六钧硬弓,岭北对江东。人间有清凉的清暑殿,天

上有寂寞的广寒宫。河岸晨雾缭绕,杨柳隐约其中,依稀碧绿;园里春雨迷蒙,杏花绽放其中,分外娇红。两鬓斑白,那是早早起床赶路、风尘仆仆的旅人;蓑衣沐雨,那是傍晚坐在溪边、静静垂钓的老翁。

嫦娥奔月

相传,射日英雄后羿收了很多徒弟,其中包括一个叫逢蒙的心术不正的人。

后羿有一个美丽善良的妻子叫嫦娥,

他们两个人郎才女貌,非常恩爱。有一天,后羿从王母娘娘那儿得到了一包长生不老药,就交给嫦娥保管,并且跟她约定,八月十五月圆那天,他们再一起服药成仙。

后羿和嫦娥都没想到,他们的对话竟被逢蒙偷听到了。于是,八月十五那天早上,趁后羿带着其他徒弟去打猎,逢蒙就要挟嫦娥交出仙药,否则就杀了她。

嫦娥不愿意让逢蒙这样的坏人升仙,于是就把药全塞进了嘴里。刹那间,嫦娥的身体轻如无物,往天空飘去。这时,半路折返的后羿刚好回来。他看到嫦娥飞走,急忙去拉,可是已经来不及了。在嫦娥完全消失前,他只听到"逢蒙抢药"这四个字。

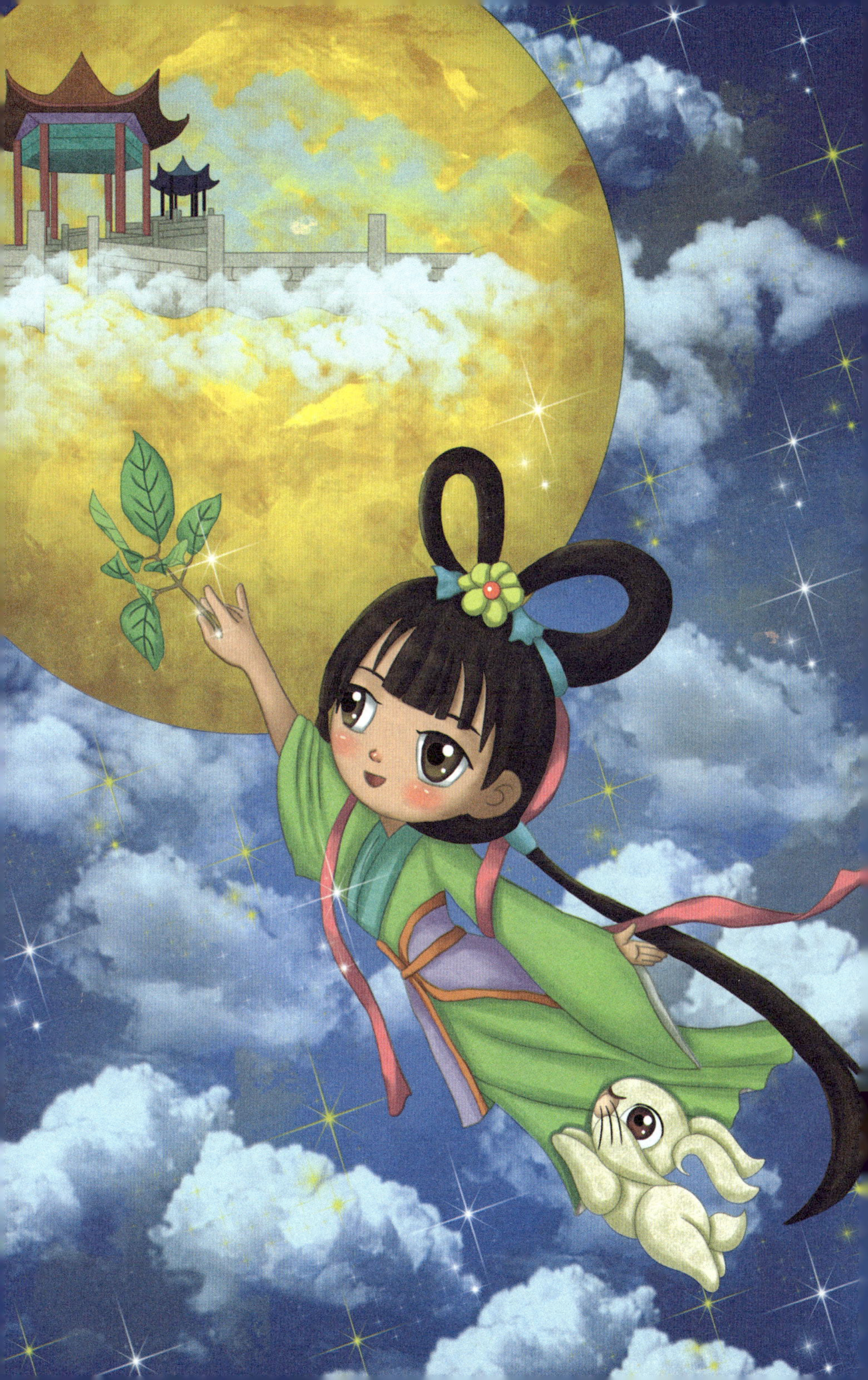

后羿又气又怒又伤心，他把逄蒙赶走后，就整天坐在地上望着嫦娥消失的地方。月亮出来了，他惊奇地发现，月亮上有个晃动的影子很像嫦娥。为了能与嫦娥沟通，他连忙在院子里摆上桌子，放上嫦娥爱吃的蜜食水果。果然，过了一会儿，他就听到嫦娥的声音在耳朵里轻轻响起。

嫦娥说，她因为吃了两份药，所以飞升到了月亮上，下不来了。她住在一座叫广寒宫的宫殿里。她让后羿不要担心。

后来，人们都纷纷效仿后羿，在月圆的时候，摆上蜜食水果，向嫦娥乞求吉祥平安。中秋节拜月的风俗就这样慢慢形成了。

二冬

春对夏,秋对冬,暮鼓对晨钟。观山对玩水,绿竹对苍松。冯妇虎,叶公龙,舞蝶对鸣蛩。衔泥双紫燕,课蜜几黄蜂。春日园中莺恰恰,秋天塞外雁雍雍。秦岭云横,迢递八千远路;巫山雨洗,嵯峨十二危峰。

译文

春对夏,秋对冬,黄昏击鼓对清晨敲钟。看山对玩水,翠竹对青松。冯妇爱好打老虎,叶公自称喜欢龙,飞舞的蝴蝶对鸣叫

的蟋蟀。嘴里衔泥的一对紫燕，采集蜂蜜的几只黄蜂。春天花园中的黄莺恰恰轻唱，秋天塞外的大雁雍雍哀鸣。秦岭云雾缭绕，绵延有八千里那么长；巫山被雨冲洗，耸立着十二座高峰。

冯妇打虎

有一年，齐国遭遇饥荒，学生陈臻对孟子说："百姓都认为，先生您会再次劝齐王打开粮仓来赈济灾民。您大概不会再这样做了吧？"

之前，齐国曾经闹饥荒，孟子劝齐王打开棠地的粮仓，来赈济贫穷的灾民。孟子就说："如果不这样做，我就成了冯妇了。"

然后，孟子给他讲了一个冯妇打虎的故事。

他说："晋国有个人叫冯妇，善于打虎，后来成了善人，就不再打虎了。有一次，他到郊外去，看到有很多人正在追逐一只老虎。大家远远望见冯妇来了，都跑过去迎接他。冯妇就又挽袖伸臂地走下车来，准备要去打虎。大家都感到很高兴，可士人们却讥笑他。

孟子讲这个故事，是为了要说明，像冯妇这样，为了打虎而把自己要做善士的追求放弃了，是不对的，会遭人讥笑。所以说，一个人不能因为环境而轻易放弃自己的追求和原则。

三江

铢对两,只对双,华岳对湘江。朝车对禁鼓,宿火对寒釭。青琐闼,碧纱窗,汉社对周邦。笙箫鸣细细,钟鼓响摐摐。主簿栖鸾名有览,治中展骥姓惟庞。苏武牧羊,雪屡餐于北海;庄周活鲋,水必决于西江。

译文

一铢对一两,一只对一双,华山对湘江。早朝的车对晚禁的鼓,隔夜的火对冰冷的灯。刻有青色连环花纹的宫门,装有

碧绿透明薄纱的窗户,汉朝社稷对周朝国邦。笙箫发出的声音清细,钟鼓发出的声音雄浑。东汉的仇览,在做主簿这样的小官时,也像栖息的凤凰一样志向高远;三国的庞统,只有做治中这样的大官,才能施展出他千里马般的才能。苏武被迫在北海牧羊,经常靠吃积雪为生;庄周想救车辙里的鲫鱼,却一定要引西江的水来。

庄周活鲋鱼

庄子家里非常贫穷,基本温饱都很难

达到。眼下已经没有什么吃的了,他只好拉下面子,打算到监河侯那里借点儿粮食。

到了监河侯那里,庄子说明了为什么来找他。监河侯答应得倒也爽快,说:"好吧,我肯定会将粮食借给你。"但他接下来的话却把庄子气坏了:"我就要收租了,等我收到租子以后,借给你三百斤,你觉得如何?"

庄子强压怒火,给监河侯讲了一个故事:昨天我到这里来的时候,在途中听见有人求救。我朝四周一看,周围没有人,正准备离开,却又听到"救命"声。我循着声音看过去,看到车沟里有条鲋鱼。

我问那条鱼:"鱼儿啊,你怎么到这里

来了呢？"鱼儿回答道："我是东海神的臣子，不小心掉在这干车沟里，你能不能给我升把水，救救我的性命？"

我毫不犹豫地答应了他，说："好吧，我一定引水来救你。现在我正要到南方去见吴越国王，等我见了越王，让他把西江水引来救你，行不行？"

那鱼儿听了立即变了脸色，气恼地说："现在只要这里没有水，我的性命就难保。只求你给我水，救救我的性命。等你请人把西江水引来，我早就没命了，那时候，你要找我，就只有到干鱼铺子里去找了！"

庄子讲完故事就走了，根本不管被晾在那儿的监河侯的尴尬表情。

四支

茶对酒,赋对诗,燕子对莺儿。栽花对种竹,落絮对游丝。四目颉,一足夔,鸲鹆对鹭鸶。半池红菡萏,一架白荼蘼。几阵秋风能应候,一犁春雨甚知时。智伯恩深,国士吞变形之炭;羊公德大,邑人竖堕泪之碑。

译文

茶对酒,赋对诗,燕子对黄莺。栽花对种竹,飞舞的柳絮对飘动的蛛丝。四只眼的仓颉,一只脚的夔,八哥对鹭鸶。鲜艳的荷花染红了半个池塘,白色的荼蘼花开满了整

个藤架。几阵秋风吹过，就能知道到了什么时候；一场春雨降落，更能知道进入了什么时令。为报答智伯的深厚恩情，豫让甘愿吞下黑炭，改变容貌，寻机为恩人报仇；为感谢羊祜的大仁大德，邑人在他死后树碑纪念，见碑就落泪，因此该碑被称为"堕泪碑"。

羊祜的大德大才

羊祜是西晋武帝时的征南大将军，他曾担任荆州都督，一直驻守襄阳。在那里，他不但对待自己国家的百姓时做到爱民如子；对待吴国的军民，他也是大施仁德。

比如，羊祜率军经过吴国边境时，战士割稻谷充军粮，一定如数付给百姓钱币。他带人游猎，每次到了吴国边界就会停下来，从不越界。羊祜的所作所为，使吴国人深受感动，吴国人都尊称他为"羊公"。

当时吴军西部的都督是陆抗，他是陆逊的儿子，也是一位满腹韬略的杰出将领。陆抗早就看出了羊祜的计谋，他常对部下说："晋军一味讲仁德，可是我军一味地对百姓粗暴。如此下去，晋军不战就能克服我军。眼下之计，只有守护好边界，不贪图小利才能取得胜利。"

羊祜也深深了解陆抗的才能，所以有陆

抗在的一天,他都不会主动挑起战争,因为他知道没有胜算。后来,陆抗受到吴主孙皓的猜忌,被调离了吴晋对峙的前线。羊祜马上抓住这个时机,劝说晋武帝发兵攻打吴国。他认为,如果不趁孙皓这个昏君在位的时候发兵,等到吴国换了一个贤明的君主,那么以后就再也没有机会灭吴了。

晋武帝终于被羊祜说动了。可是这时羊祜年老多病,不能亲自指挥这场战争了。他就向晋武帝举荐了杜预。杜预带领晋军,在羊祜病逝的两年后,灭亡了吴国。

后来,襄阳的百姓给羊祜建了一座纪念石碑。因为人们凭吊的时候,总是忍不住望碑落泪,所以杜预就将它命名为"堕泪碑"。

戈对甲,鼓对旗,紫燕对黄鹂。梅酸对李苦,青眼对白眉。三弄笛,一围棋,雨打对风吹。海棠春睡早,杨柳昼眠迟。张骏曾为槐树赋,杜陵不作海棠诗。晋士特奇,可比一斑之豹;唐儒博识,堪为五总之龟。

译文

兵器对铠甲,战鼓对军旗,紫燕对黄鹂。梅子酸对李子苦,阮籍的青眼对马良的白眉。吹三遍笛子,下一局围棋,雨打对风吹。唐朝杨贵妃刚睡醒像海棠花一样美

丽，汉宫的人形柳白天睡觉起来得迟。张骏种活了槐树，所以写了《槐树赋》来抒发感情；杜甫因为母亲名字叫海棠，为了避讳所以不作海棠诗。晋代王献之小时候聪慧异常，可以用"管中窥豹，可见一斑"来形容；唐朝的殷践猷学识渊博，因此贺知章把他比作"五总之龟"。

王戎巧辨苦李

王戎是西晋时期山东人，才华横溢，

是著名的"竹林七贤"之一。

王戎自幼就聪明过人。在他七岁的时候,有一次跟一群小伙伴出去游玩,在路上遇见一棵李树,上面结满了果实。这群孩子都兴奋地爬到树上去摘李子吃,只有王戎一个人站在李树下面,一点儿想摘李子的意思都没有。

这时,有大人路过,看到王戎站着不动,很不理解,就问他:"你为什么不去摘李子?难道你不想吃李子吗?"

王戎非常自信地回答说:"这些李子肯定是苦的,摘下来也不能吃,所以我不去摘。"

这个人听了王戎的话,更加疑惑了,说:"你又没有尝过,怎么能这么肯定这棵树上的李子是苦的呢?"

王戎不慌不忙地回答道:"这棵树就长在大路边,每天从这条路上过往的行人没有上千也有好几百,如果这棵李树上的李子是甜的,早就被路人摘光了,还能留到现在吗?所以,我推断这棵李树结的李子肯定是苦的。"

这时候,已经有小孩儿摘到了李子,放到嘴里一尝,果然苦得不得了。于是大家都夸王戎好聪明。

五微

宽对猛,是对非,服美对乘肥。珊瑚对玳瑁,锦绣对珠玑。桃灼灼,柳依依,绿暗对红稀。窗前莺并语,帘外燕双飞。汉致太平三尺剑,周臻大定一戎衣。吟成赏月之诗,只愁月堕;斟满送春之酒,惟憾春归。

译文

宽容对严厉,正确对错误,衣服华丽对马匹肥壮。珊瑚对玳瑁,锦绣对珠玑。桃花鲜艳繁盛,柳条轻盈婀娜,绿叶茂盛对红花稀少。窗前的黄莺两两相和不停地鸣唱,

帘外的燕子成双成对地追逐飞舞。汉高祖刘邦统一天下离不开他那三尺宝剑,周武王取得天下靠的是他的一袭戎衣。吟诵赏月的诗篇,只怕月亮转眼就落下;斟满送春的美酒,只可惜春天即将过去。

刘邦斩蛇起义

汉高祖刘邦曾经做过沛县的亭长。有一次,他为县里押送一批农民去骊山修陵,途中大部分人都逃走了。刘邦就私下想,逃走了那么多人,即使到了骊山,按罪自己也会被杀,还不如早早逃命去。

于是,走到丰西泽的时候,刘邦就让大家停了下来。他先喝得半醉壮大胆子,然后就把剩下的所有农民都放了。他对他们说:"你们都走吧,我从此也要逃跑了。"这些农民中有十多个都愿意跟随刘邦。

刘邦带醉行走在丰西泽中,让一个农民在前面探路。这个人回来说:"前面有一条大蛇挡路,我们还是回去吧。"刘邦趁着酒劲说:大丈夫独步天下,有什么害怕的!"

于是走到前面,拔剑将蛇拦腰斩断。

又走了几里地,刘邦醉得倒下睡着了。他的队伍中走在后面的人这时才来到斩蛇的地方,看见一个老太太在路边放声大哭。

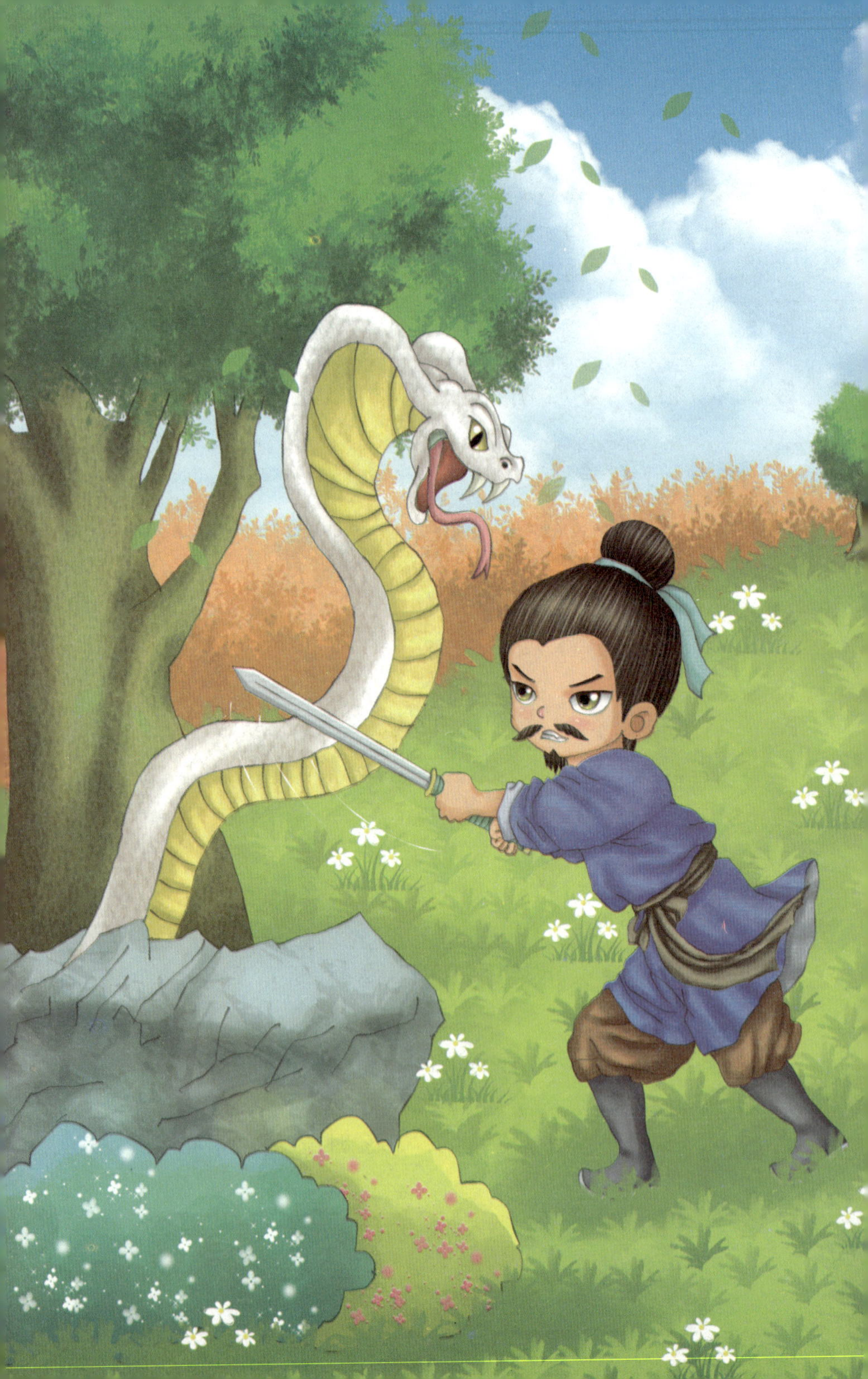

他们问她为什么这样伤心,她说:"我儿子被人杀了,所以痛哭。"问她儿子为什么被杀,她说:"我儿子是白帝子,变成蛇横在路上,现在被赤帝子杀了,所以我很伤心。"人们以为她胡说八道、散布谣言,想打她,这个老太太却突然不见了。

后面的人赶到前面,刘邦才醒过来,人们告诉了他这一情况。刘邦心里觉得很高兴,心生自豪,跟随他的人也越来越敬畏他。

六鱼

wú duì yǒu, shí duì xū, zuò fù duì guān shū.
无对有，实对虚，作赋对观书。

lǜ chuāng duì zhū hù, bǎo mǎ duì xiāng chē. bó lè mǎ, hào rán lǘ, yì yàn duì qiú yú. fēn jīn qí bào shū, fèng bì lìn xiàng rú. zhì dì jīn shēng sūn chuò fù, huí wén jǐn zì dòu tāo shū. wèi yù yīn zōng, xū mǐ kùn fù yán zhī zhù; jì féng zhōu hòu, tài gōng shě wèi shuǐ zhī yú.

绿窗对朱户，宝马对香车。伯乐马，浩然驴，弋雁对求鱼。分金齐鲍叔，奉璧蔺相如。掷地金声孙绰赋，回文锦字窦滔书。未遇殷宗，胥靡困傅岩之筑；既逢周后，太公舍渭水之渔。

译文

wú duì yǒu, shí duì xū, zuò fù duì kàn shū. lǜ sè de chuāng duì hóng sè de mén, zhū bǎo zhuāng shì de hǎo mǎ duì jīng guò xūn xiāng de chē zi. bó lè shàn cháng xiàng mǎ, mèng hào rán ài hào qí lǘ, shè yàn duì qiú yú. néng kāng kǎi fēn jīn de shì qí guó de bào

无对有，实对虚，作赋对看书。绿色的窗对红色的门，珠宝装饰的好马对经过熏香的车子。伯乐擅长相马，孟浩然爱好骑驴，射雁对求鱼。能慷慨分金的是齐国的鲍

叔牙，能完璧归赵的是赵国的蔺相如。晋代孙绰写的《天台山赋》，被认为扔在地上都能发出金石撞击的声音；窦滔收到的家信，是他的妻子用回文诗作图案织成的锦缎。没有遇到殷高宗前，傅说还是一个在傅岩地区服役修城的犯人；遇到周文王后，姜子牙便舍弃了在渭水边钓鱼隐居的生活。

完璧归赵

战国时期，赵惠文王得到了一块"和氏璧"。秦昭王听说后，派人给赵王送来一封信,说秦国想拿十五座城池来换这块"和氏璧"。

赵王急忙召集大臣们商议,认为最好是有一个能干的人,既能把"和氏璧"送去秦国,又能把它安全带回来。经过一番讨论和推荐,最后选中了大臣缪贤的门客蔺相如来完成这项任务。

蔺相如到了秦国,把"和氏璧"献给了秦王,却发现秦王没有任何诚意。于是,他借口说璧上有瑕疵,要指给秦王看,从而把"和氏璧"骗回手中。然后,他抱着"和氏璧"靠着柱子站定,怒斥秦王不讲信用。蔺相如表示,如果秦王要抢,他就跟"和氏璧"一起撞碎在这根柱子上;如果

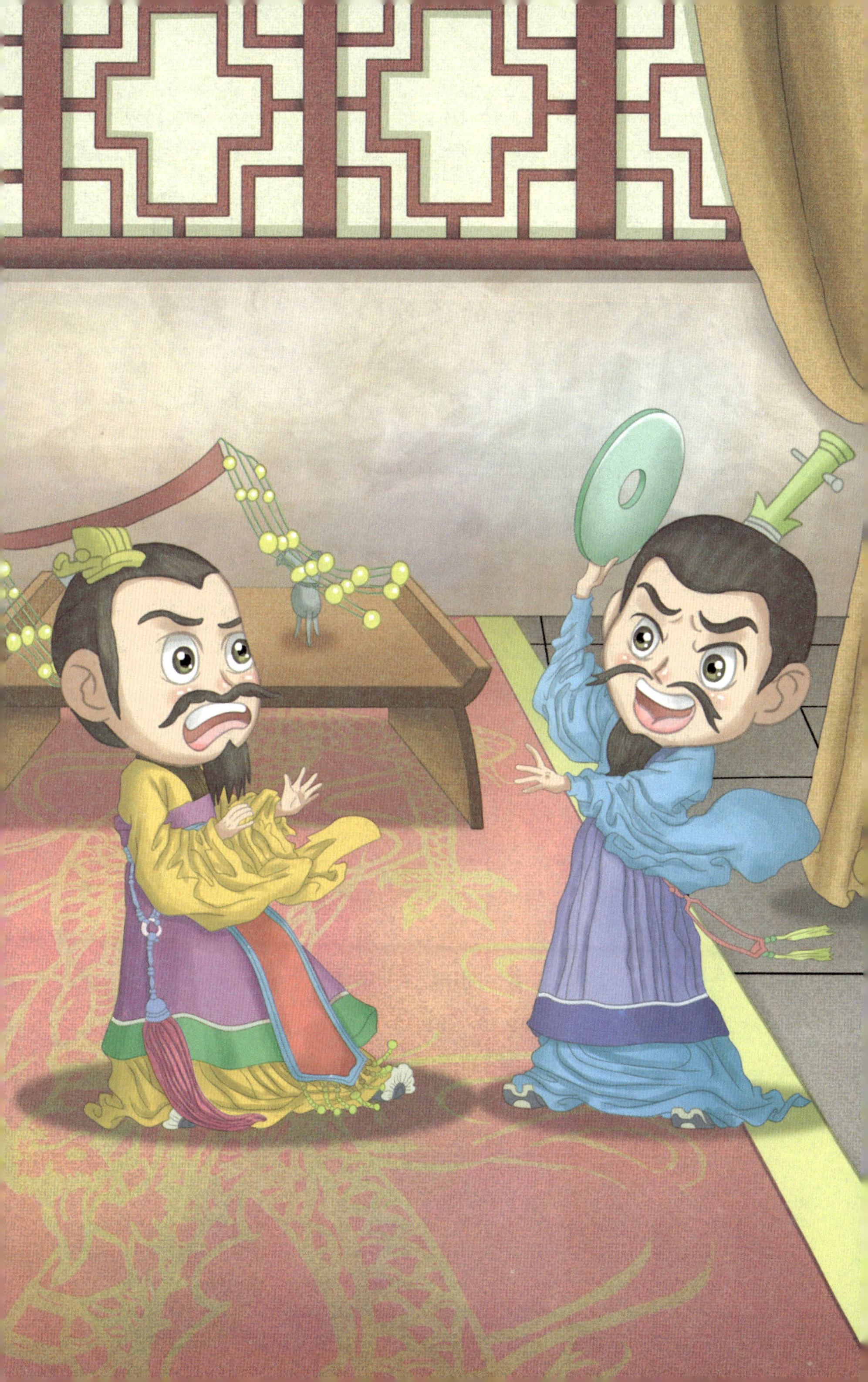

秦王要用十五座城池来换,那就要举行隆重的交换仪式。秦王见没有办法硬抢,只好答应了蔺相如的条件。

不过,蔺相如完全不相信秦王。回到驿馆,他让自己的仆人带着"和氏璧",偷偷先回赵国去了。

到了举行交换仪式的那天,蔺相如实话实说,"和氏璧"已经被送回赵国了,如果秦王要换,就得先交出十五座城池。

面对这样的变故,秦国的大臣们很生气,有的扬言要把蔺相如拖下去杀了。秦王冷静地思考过后,决定放蔺相如回赵国。

蔺相如回国后,因为"完璧归赵"立了大功,被任命为上大夫。

七虞

贤对圣,智对愚,傅粉对施朱。名缰对利锁,挈榼对提壶。鸠哺子,燕调雏,石帐对郇厨。烟轻笼岸柳,风急撼庭梧。鹳眼一方端石砚,龙涎三炷博山垆。曲沼鱼多,可使渔人结网;平田兔少,漫劳耕者守株。

译文

贤才对圣人,聪明对愚蠢,涂白粉对抹胭脂。名声是束缚人的缰绳,利益是约束人的枷锁,高举酒杯对手提酒壶。鸠鸟喂

养幼子,燕子训练幼雏,西晋石崇的锦丝帐篷对唐朝韦陟的奢华厨房。轻雾笼罩河岸上的柳树,疾风撼动庭院中的梧桐。一方端州石砚上有鸲鹆眼的图案,博山炉中燃着三炷龙涎香。曲折迂回的池塘里有很多鱼,渔夫可以在那里下网捕鱼;平坦的田野上兔子很少,想守株待兔的农夫只能白白等待。

故事链接

守株待兔

古代宋国有个农夫,一天,他正顶着

烈日在田里耕作。突然,一只野兔仓皇地跑过来。由于跑得太快,竟一头撞到了田间的树桩上,死掉了。农夫赶紧跑过去,捡起兔子,高兴地回家了。

回到家里,他的妻子把兔子炖了。吃着美味的兔肉,农夫心想:这顿兔子肉来得也太容易了,没费吹灰之力。说不定每天都有兔子撞到树桩上,只是自己没在旁边守着,撞死的兔子都被别人捡走了。

第二天,他又来到田里干活。干着干着,他又想到了昨天的那只兔子。他想:"耕田多么辛苦啊,即使获得了丰收,也不见得能吃上美味的兔肉。如果我坐下来等着兔子撞到树上,那么我每天都能吃到鲜美的兔肉,而且一点儿力气也不费——既可以舒舒服服地休息,又可以把得到的兔皮拿去卖钱,比我一年辛勤耕作舒服得多。"从此以后,农夫再也不翻田耕种了,他每天就守在树下,等着有兔子撞死在树桩上。

就这样,日子一天天过去,他再也没有以前的好运气了。他不仅再也没有碰到过兔子撞死在树桩上,他的田地也因为长时间没有打理,误了农时,荒废了。最后,这个农夫也受到了饥饿和寒冷的惩罚。

八齐

岩对岫，涧对溪，远岸对危堤。鹤长对凫短，水雁对山鸡。星拱北，月流西，汉露对汤霓。桃林牛已放，虞坂马长嘶。叔侄去官闻广受，弟兄让国有夷齐。三月春浓，芍药丛中蝴蝶舞；五更天晓，海棠枝上子规啼。

译文

岩石对山洞，山涧对小溪，远处的河岸对高高的长堤。长腿的仙鹤对短腿的野鸭，水雁对山鸡。群星环绕着北斗星，月亮向西边落下。汉武帝用玉盘承接露水对老百姓像久旱盼望甘霖一样渴盼商汤。周武王统一天下后，天下太平，就把战马和牛羊放养在桃林；在虞坂被用来拉车的千里马，看到伯乐，便仰天长嘶。汉朝的疏广和疏受叔侄，一起辞官归隐；商朝的伯夷和叔齐兄弟，互相退让国君的位子。三月是春意最浓的时候，蝴蝶在芍药花中翩翩起舞；五更是天要破晓的时候，杜鹃在海棠树上清脆鸣叫。

伯乐与千里马

传说，春秋时期，有一次，伯乐受楚

王的委托,帮他购买日行千里的骏马。可是,伯乐花了大半年时间,跑了好几个国家,还是没有找到可以称得上日行千里的好马。

这一天,伯乐从齐国返回,在路上,看到一匹马拉着盐车,很吃力地在陡坡上行进。马累得呼呼喘气,每迈一步都十分艰难。伯乐向来喜欢跟马近距离接触,于是就走到了马的跟前。拉车的马见到伯乐看自己的眼神,充满同情和爱怜,它突然昂起头来,瞪大眼睛大声嘶鸣,仿佛在诉说着什么。而伯乐一听它的嘶鸣声,再看它通灵性的样子,就已经断定出,这是一匹难得的千里马。

于是，伯乐对驾车的人说："这匹马如果在疆场上驰骋，任何马都比不过它，但用来拉车，它却不如普通的马。所以，你把它卖给我吧，我愿意出三倍的价钱买下它。"

驾车人很爽快地同意了。

伯乐牵着千里马回了楚国。见到楚王，伯乐很骄傲地向他介绍千里马。可是楚王一见这匹马瘦得不成样子，以为伯乐愚弄他，脸上露出很不高兴的表情。

伯乐就连忙解释说："这确实是匹千里马，只是它拉了一段时间的车，又喂养不精心，所以看起来很瘦。只要精心喂养，不出半个月，一定会恢复体力。"

楚王一听，有点儿将信将疑，便命马

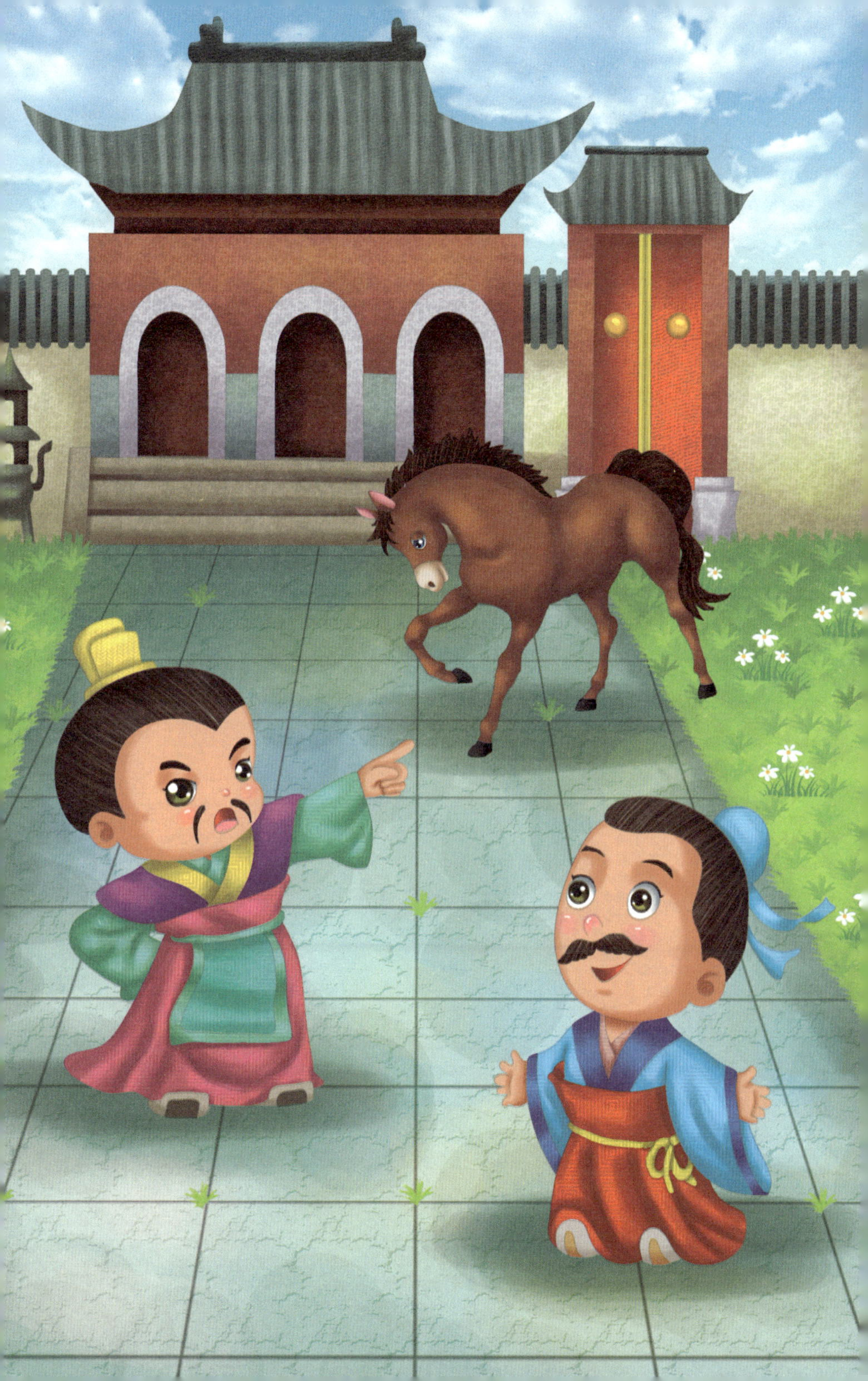

夫尽心尽力把马喂好。果然，半个月后，这匹马变得精壮神骏。楚王跨马扬鞭，但觉两耳生风，不知不觉间，已跑出百里之外。后来，这匹千里马为楚王驰骋沙场立下不少功勋。楚王由衷地感激伯乐的慧眼识好马。

云对雨，水对泥，白璧对玄圭。献瓜对投李，禁鼓对征鼙。徐稚榻，鲁班梯，凤翥对鸾栖，有官清似水，无客醉如泥。截发惟闻陶侃母，断机只有乐羊妻。秋望佳人，目送楼头千里雁；早行远客，梦惊枕上五更鸡。

译文

云对雨，水对泥，白色的璧对黑色的圭。进献木瓜对回赠李子，宫廷里晚上禁止通行的宵鼓对军队里代表出征的战鼓。豫章太守陈蕃专门为徐稚准备的床榻，春秋时期的巧匠鲁班专门为楚国制造的云梯，凤

凰飞翔对鸾鸟栖息。做官时要像清水一样清廉无私,没有客人时可以烂醉如泥。剪掉头发换酒菜来招待客人的,只听说过陶侃的母亲这样做过;剪断织布机上的布劝导丈夫专心读书的,只有乐羊子的妻子这样做过。秋天站在高处眺望远方的女子,目送大雁飞去;打算早起赶路远行的人,被五更天啼叫的鸡从梦中叫醒。

乐羊子妻

在古代的河南郡,也就是现在河南省的

西北部,有一个叫乐羊子的人,他娶了一个十分知书识礼的妻子。

有一天,乐羊子在路上捡到一块别人丢失的金子。回家后,他就把金子交给了妻子。不料,妻子对他说:"我听说有志气的人不喝'盗泉'的水,廉洁方正的人不接受'嗟来之食',何况是捡拾别人的失物、谋求私利来玷污自己的品德呢!"乐羊子听了这番话觉得十分惭愧,就把金子扔弃到野外,然后出远门拜师求学去了。

一年后,乐羊子回到家中。妻子问他,这个时候回家来,是有什么事情吗?乐羊子就说:"出行在外久了,就是想念家人。"

妻子听后,就拿起刀来,快步走到织

机前,说:"这些丝织品都是从蚕茧中生出,又在织机上织成。一根丝一根丝地积累起来,才达到一寸长;一寸一寸地积累,才能成丈成匹。现在如果割断这些丝织品,那就无法成功织出布匹了,白白荒废了许多时光。你积累学问,就应当每天都学到自己不懂的东西,以此成就自己的美德;如果中途就回来了,那同剪断这丝织品又有什么不同呢?"

乐羊子被妻子的话感动了,他重新回到学校,连续七年都没有回过家,才修完了全部的学业。后来,乐羊子真的功成名就,做了魏国的元帅,在讨伐中山国的战争中立了大功。

九佳

城对市,巷对街,破屋对空阶。桃枝对桂叶,砌蚓对墙蜗。梅可望,橘堪怀,季路对高柴。花藏沽酒市,竹映读书斋。马首不容孤竹扣,车轮终就洛阳埋。朝宰锦衣,贵束乌犀之带;宫人宝髻,宜簪白燕之钗。

译文

城镇对集市,小巷对大街,破旧的房屋对空寂的台阶。桃树枝对桂树叶,砖缝里的蚯蚓对墙角的蜗牛。曹操指挥兵将望梅止渴;陆绩怀中藏橘孝敬母亲,孔子的弟子季路和高柴相对。鲜花开在卖酒的闹市,绿竹掩映着安静的书房。孤竹君的两个儿子想拉住武王的马头,劝阻他不要伐纣;东汉张纲悲愤外戚专权,最终将车轮埋在洛阳亭。大臣衣着华贵,腰间束着用黑犀牛角作装饰的腰带;宫女发髻高耸,头上插着传说中珍贵的白燕钗。

故事链接

豺狼当道,安问狐狸

张纲是东汉顺帝时的侍御史,他清廉奉公,刚正不阿,是当时有名的儒士。

当时,朝廷的大权被宦官和外戚把持,满朝文武百官都对他们诚惶诚恐,生怕不小心得罪了这些人,惹来杀身之祸。

不过,张纲却一点儿都不害怕。他感叹地说:"污秽奸佞的小人聚满了朝廷,如果不能挺身而出,献出生命,为国家扫除灾难,即使活着,又有什么意义呢?"

汉安元年,汉顺帝派遣八位御史到各地巡视民情,对贪赃枉法的人进行惩罚,对效忠朝廷、政绩突出的人进行奖励。张纲是其中最年轻、官职最低的一位。

当其余的七位御史都出发了之后,张纲的马车还停留在洛阳都亭。突然,张纲找来工具,在地上挖了个坑,把马车的车

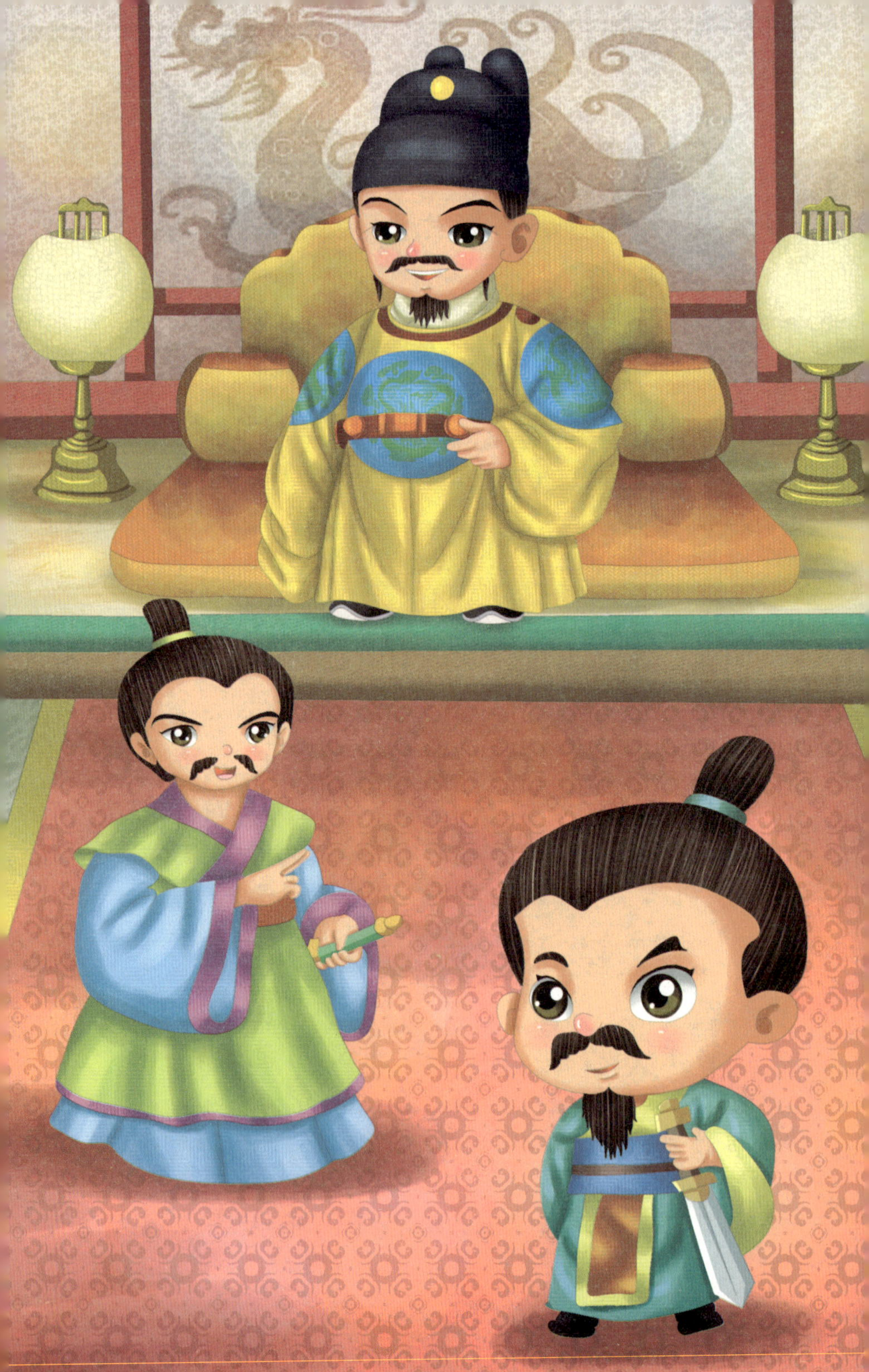

轮埋起来,表示自己不准备动身了。他对送行的人说:"豺狼当道,安问狐狸?"意思是现在朝廷上正有豺狼那样暴虐的野兽在行凶作恶,还去管地方上那些小狐狸干什么呢?朝廷对朝中的贪官污吏不追究,只是到地方上去整顿秩序,这能起到什么作用?

于是,张纲返回朝廷,向汉顺帝上了一道奏折,弹劾专权的外戚梁冀等人。满朝文武都大吃一惊,暗暗为他捏一把汗。因为梁冀不仅是总揽朝中大权的将军,而且还是当今皇后的亲哥哥,是皇上的大舅子。因此,张纲的奏书惊动了整个京城。

可是,由于梁冀的势力太大,汉顺帝虽然知道张纲忠心耿耿,一心为汉朝的江山社稷着想,却也不敢重用他。最后,张纲被派遣到广陵一带担任太守,远离了国家的权力中心。

十灰

沙对水，火对灰，雨雪对风雷。书淫对传癖，水浒对岩隈。歌旧曲，酿新醅，舞馆对歌台。春棠经雨放，秋菊傲霜开。作酒固难忘曲蘖，调羹必要用盐梅。月满庾楼，据胡床而可玩；花开唐苑，轰羯鼓以奚催。

译文

细沙对流水，烈火对炭灰，雨雪对风雷。皇甫谧被称为"书淫"对杜预自称"《左传》癖"，水岸对山沟。唱旧曲，酿新酒，跳舞的堂馆对唱歌的高台。春天

海棠在雨后绽放，秋天菊花迎着冰霜盛开。酿酒当然不能忘了放发酵用的曲蘖，调味一定要用到盐和梅子。月圆之时，庾亮登上南楼坐在胡床上与众人尽情玩乐；唐宫御花园中的花朵还没开放，唐玄宗便敲打羯鼓来催促它。

唐玄宗的音乐天才

唐玄宗是我国历史上有名的皇帝，他开创了"开元盛世"，展示了卓越的政治才干。同时，他还是一个风流才子，在音乐上的才华丝毫不比专职的音乐家们差。

唐玄宗精通音律,擅长演奏多种乐器,尤其羯鼓敲得特别好。据说有一年春天,唐玄宗早晨起来游园,看到满园的杏花含苞待放,好像一个个娇羞的少女。于是,唐玄宗的雅兴就被勾起来了,他让人拿来羯鼓,在园子里即兴演奏了一曲《春光好》。人们惊奇地发现,随着唐玄宗的鼓声,那些花苞在一点一点地开放。当曲子演奏完毕时,所有花骨朵竟然刚好全部开完。唐玄宗为此高兴得不得了。

后来,唐玄宗在梦中夜游月宫,看到了身穿霓裳羽衣的仙女们在仙乐声中翩翩起舞,那曼妙的歌声,那优美的舞姿,令唐玄宗看得入了迷。醒来后,他还对梦中的情景记得十分清楚,于是就把梦中的乐曲记录了下来,还把里面的舞蹈教给了贵妃杨玉环。这就是著名的宫廷大曲《霓裳羽衣曲》及其舞蹈。

《霓裳羽衣曲》是我国古代音乐舞蹈史上一颗光彩夺目的明珠,代表了唐代音乐舞蹈的最高成就。真是让人难以置信,它的作者竟会是一个高高在上的皇帝。

十一 真

香对火,炭对薪,日观对天津。禅心对道眼,野妇对宫嫔。仁无敌,德有邻,万石对千钧。滔滔三峡水,冉冉一溪冰。充国功名当画阁,子张言行贵书绅。笃志诗书,思入圣贤绝域;忘情官爵,羞沾名利纤尘。

译文

焚香对点火,煤炭对木柴,日观峰对天津桥。清静安定的心境对洞察一切的眼力,乡下的妇女对宫里的妃嫔。仁爱的人没有敌人,贤德的人会有同伴,万石对千钧。三峡

的水浩浩荡荡奔腾不止，小溪的水流动缓慢容易结冰。赵充国的功德显著，有资格把画像挂在麒麟阁；子张的可贵之处，在于能将孔子关于"言行"的教诲写在衣带上并牢记不忘。立志钻研诗书，想要进入圣人贤士的领域；对做官不感兴趣，羞于和名利扯上丝毫关系。

老当益壮的赵充国

羌族是我国古代西北地区的一个少数民

族。匈奴强大时,羌族依附匈奴。汉武帝派张骞出使西域,张骞联合羌族,抗击匈奴,于是羌人逐渐内迁,与汉族人杂居。

公元前63年,先零羌首领请求朝廷答应他们渡过湟水放牧。朝廷认为羌人有诈,拒绝了他们的要求。但是羌人强行渡过湟水,占据了汉朝边境的广大地区。

公元前61年春,汉宣帝决定派兵平定羌人叛乱。这时已经七十三岁的赵充国说:"无论派谁去,都没有派我合适。"宣帝问他:"羌人目前的势力究竟有多大?要带多少兵去?赵充国说:"军事上的事难以衡量,我希望先到金城(今甘肃省兰州市西北)去察看一下情况,然后提出作战方略。"

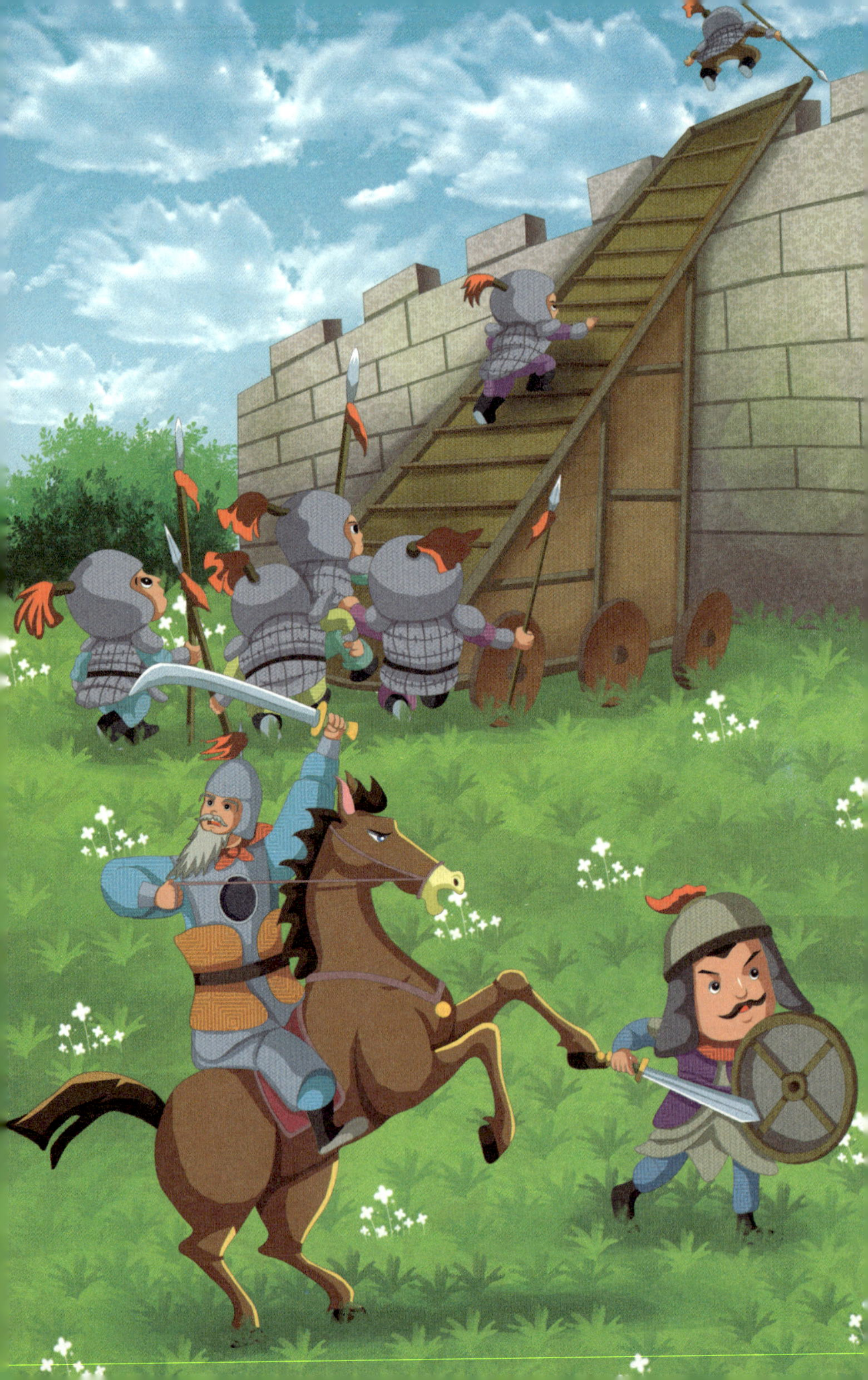

赵充国带领一队士兵渡过黄河,遇到羌人的小股部队。赵充国下令立即出击,很快就把羌人打败了。官兵们准备乘胜追击,赵充国阻止说:"长途跋涉到此,不可远追。如果遭到伏击,那就要吃大亏了!"到了金城,赵充国观察了那里的地形,又从俘虏口中了解到了敌人内部的情况。于是他制定了屯兵把守、整治边境、分化瓦解羌人的策略,并上奏给宣帝。汉宣帝基本上采用了赵充国的策略,于是西北地区的边患就逐渐解决了。过了几年,赵充国觉得自己年龄大了,做事力不从心,于是告老请退。他于公元前52年去世,享年八十六岁。

十二文

尧对舜,夏对殷,蔡惠对刘蕡。山明对水秀,五典对三坟。唐李杜,晋机云,事父对忠君。雨晴鸠唤妇,霜冷雁呼群。酒量洪深周仆射,诗才俊逸鲍参军。鸟翼长随,凤兮洵众禽长;狐威不假,虎也真百兽尊。

译文

尧对舜,夏朝对殷商,汉朝的蔡慧对唐朝的刘蕡。山色明媚对水景秀丽,五部典籍对三本古书。唐代有李白和杜甫以诗齐名,晋代有陆机和陆云以文齐名,侍奉父母对效

忠国君。雨过天晴，斑鸠呼唤伴侣；霜落天冷，大雁呼叫同伴。晋代仆射周𫖮的酒量非常大，南朝宋参军鲍照的诗才清新俊逸。鸟儿都展开翅膀追随，凤凰确实是禽类的首领；狐狸借来的威风也能吓跑其他野兽，可见老虎真的是百兽之王。

狐假虎威

有只老虎在觅食时，捕到了一只狐狸。狡猾的狐狸对老虎说："我说老虎呀，你来跟我逗什么，我正忙着呢。"

老虎一听愣了神，说："你忙什么呀？你马上就要被我吃了。"

狐狸装出惊讶的样子，说："你说什么，你敢吃了我？"

老虎觉得好笑："你算什么，我当然敢吃掉你！"

狐狸连忙摇了摇前爪，说："你不能吃我！告诉你，我是天帝派来掌管百兽的。你要是把我吃了，就是违背了天帝的命令。"

老虎有点儿吃惊，说："你是天帝派来的？我怎么从来都没听说过？"

狐狸说："你要是不信，我走在你前面，你跟在我后面，看看哪个野兽见了我不赶紧跑开。"

听了狐狸的话,老虎觉得狐狸的话有几分道理,点了点头表示同意。

狐狸在前面大摇大摆地走,老虎慢慢地在后面跟着。什么兔子呀、山羊呀,见到了老虎,撒腿就跑;就连豹子、狼这些凶猛的动物,见到了老虎,也连忙远远地躲开。

老虎看到这种情形,不知道野兽们怕的是自己,以为怕的是狐狸,暗暗想道:今天幸亏没有吃了它,不然的话,违背了天帝的命令,麻烦可就大了。

狐狸回头问老虎:"你还敢吃我吗?"

老虎连忙赔笑说:"我怎么敢吃你呢,刚才是跟你闹着玩的。"

十三元

儿对女,子对孙,药圃对花村。高楼对邃阁,赤豹对玄猿。妃子骑,夫人轩,旷野对平原。鲍巴能鼓瑟,伯氏善吹埙。馥馥早梅思驿使,萋萋芳草怨王孙。秋夕月明,苏子黄岗游绝壁;春朝花发,石家金谷启芳园。

译文

儿对女,子对孙,种满药材的园子对开满鲜花的村庄。高楼对深阁,红色的豹子对黑色的猿猴。为杨贵妃运送荔枝的快马,送给戴公夫人的鱼皮车,空旷的田地对平

坦的原野。有个叫鲍巴的人擅长鼓瑟，有个叫伯氏的人善于吹埙。闻到早开的梅花那浓郁的香气，就开始想驿使会不会带来远方朋友的消息；看到茂盛的绿草，就不禁埋怨王孙远游迟迟不归来。秋夜月色明亮，苏轼在黄冈游览赤壁；春晓百花盛开，石崇家中的金谷园就早早打开了大门。

世外桃源

晋朝的大文学家陶渊明，曾写过一篇有名的《桃花源记》，内容是描写晋朝湖南

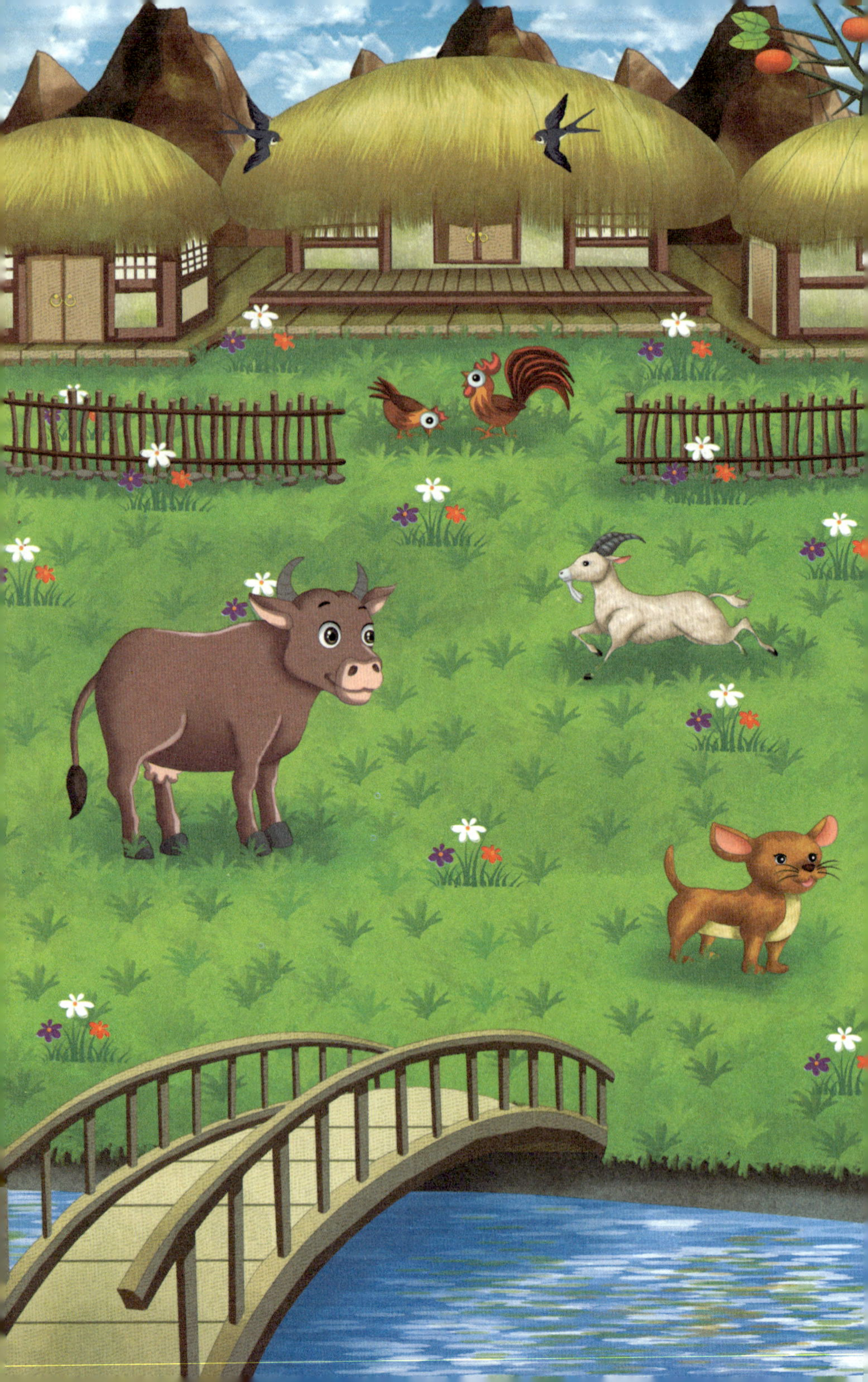

武陵一个捕鱼人所遇到的奇事。

有一天,一个渔夫驾着小船往上游划。他不知划了多远,忽然发现在河岸青翠的草地旁,有一大片艳丽的桃花林,不由得看呆了。他又继续向前,不久又看到了一座小山,在山腰处有一个小洞口,渔夫好奇地下了船,从那洞口爬进去,想看个究竟。

他来到里面,看到这里土地平坦开阔,房屋整整齐齐,有肥沃的田地,美丽的池塘和桑树竹子之类的植物。田间小路交错相通,村落间能听到鸡鸣狗叫的声音。那里面的人们来来往往耕田劳作,老人和小孩都悠闲愉快,自得其乐。那些人见到渔夫后,都热情地和他闲谈。这些人告诉渔夫说，他们的祖先原是为了逃避秦朝的战乱，才率领村人隐居到这里来的。渔夫把朝代的变更告诉他们，他们听了都十分惊讶。

几天后，渔夫依依不舍地跟大伙告辞。临走前，村里人对他说："不要向外面的人说起这件事。"渔夫同意了。可是他回去后，仍把这个奇遇报告了太守，太守派人和他一起沿着原路去找，但却怎么也找不着了。

陶渊明笔下的"世外桃源"虽然虚幻但确实美丽，特别是其中和平、和谐的生活环境令人神往。无论时代如何发展，每个人的心中都会有自己的"桃花源"，那里承载着我们的希望和理想。

十四寒

寒对暑，湿对干，鲁隐对齐桓。寒毡对暖席，夜饮对晨餐。叔子带，仲由冠，郏鄏对邯郸。嘉禾忧夏旱，衰柳耐秋寒。杨柳绿遮元亮宅，杏花红映仲尼坛。江水流长，环绕似青罗带；海蟾轮满，澄明如白玉盘。

译文

寒冷对暑热，潮湿对干燥，鲁隐公对齐桓公。御寒的毡毯对坐暖的草席，晚上饮宴对早上吃饭。羊祜束着松缓的衣带，子路戴着华丽的帽子，郏鄏对邯郸。长势良好的禾苗经不起夏天的干旱,凋零衰败的柳树耐得住秋天的寒冷。杨柳的绿荫密密地遮着陶渊明的住宅,艳红的杏花灿烂地辉映着孔子讲学的高台。江水源远流长,好似青罗带一样曲折宛转;满月从海中升起,就像白玉盘一般明亮皎洁。

被破格录取的祖咏

唐朝诗人祖咏是一个不喜欢长篇大论的人。他认为,一篇文章或一首诗,只要意思表达清楚了,就没有必要再继续写下去了。

有一年冬天,祖咏到京城长安参加进士考试。按照考试惯例,考生们都要写上一首六韵十二句的五言排律诗,才算符合要求。这次考试的题目叫《望终南余雪》。终南山,就是横亘在陕西等省的一座著名山脉。望着它上面的余雪,祖咏想到的是,俗谚说"下雪不冷消雪冷",此时此刻,多少贫寒交迫的百姓会感到身心寒冷啊!跟随由内而发的真挚感情,祖咏一气呵成地完成了自己的诗作,便申请交卷离开考场。

考官大人见他写得太快,便要了他的考卷去看。第一眼,映入眼帘的只有四句诗:

终南阴岭秀,积雪浮云端。林表明霁色,

城中增暮寒。"考官大人惊讶地说："你怎么才写四句就不写了？按照规定，你得写上六韵十二句的呀！"

祖咏恭敬却坚定地说："大人您说的没错。可是我觉得，我的这首诗已经把题目的意义都表达完了，所以就没必要再画蛇添足，硬要凑够十二句了。"

听他这么一说，考官大人忍不住再次仔细品读这首诗。发现祖咏这诗里，含有一种悲天悯人的襟怀，这是诗人所应具备的极为难得的素质，遂不由含笑地点了点头。

果然，唐玄宗开元十二年（724年），祖咏考取了令人羡慕的进士。

横对竖,窄对宽,黑志对弹丸。朱帘对画栋,彩槛对雕栏。春既老,夜将阑,百辟对千官。怀仁称足足,抱义美般般。好马君王曾市骨,食猪处士仅思肝。世仰双仙,元礼舟中携郭泰,人称连璧,夏侯车上并潘安。

译文

打横对竖直,狭窄对宽敞,像黑痣一样小对像弹丸一样狭。串珠的帘子对绘图的屋梁,彩绘的栏杆对雕花的栏杆。春天已到尽头,长夜即将过去,诸侯对官员。怀有仁德的凤凰发出"足足"的叫声,胸怀

道义的麒麟发出"般般"的叫声。喜好千里马的国君曾经买下千里马的骨架,汉代处士闵仲叔只爱吃猪肝。李元礼和郭泰同船渡河,人们以为他们是两个神仙下凡;夏侯湛和潘安一起乘车,人们称他们为连在一起的美玉。

燕昭王"千金买骨"

燕国爆发内乱,齐国趁机发动进攻,夺取了燕国的大片土地。

燕昭王即位后,决心招纳贤才,振兴

国家。他亲自登门拜访郭隗，向他请教怎样能招来贤才。郭隗给燕昭王讲了个故事。

从前有个国王，想用千金买一匹千里马，过了好几年，始终没有买到。有一个大臣便自告奋勇，愿意去寻找、购买千里马。

那个大臣到处打听，终于听说某地有一匹千里马。等他兴冲冲地赶到时，刚好那匹千里马已经死去。他花了五百金买下那匹马的骸骨，赶回京城向国王报告。

国王一听大怒，说："我要买的是活马，不是死马，你说说，死马买回来有什么用？还白白浪费了五百金。"那位大臣不慌不忙向国王解释道："买这匹死马都花了五百金，不要说活马了。这个消息很快就

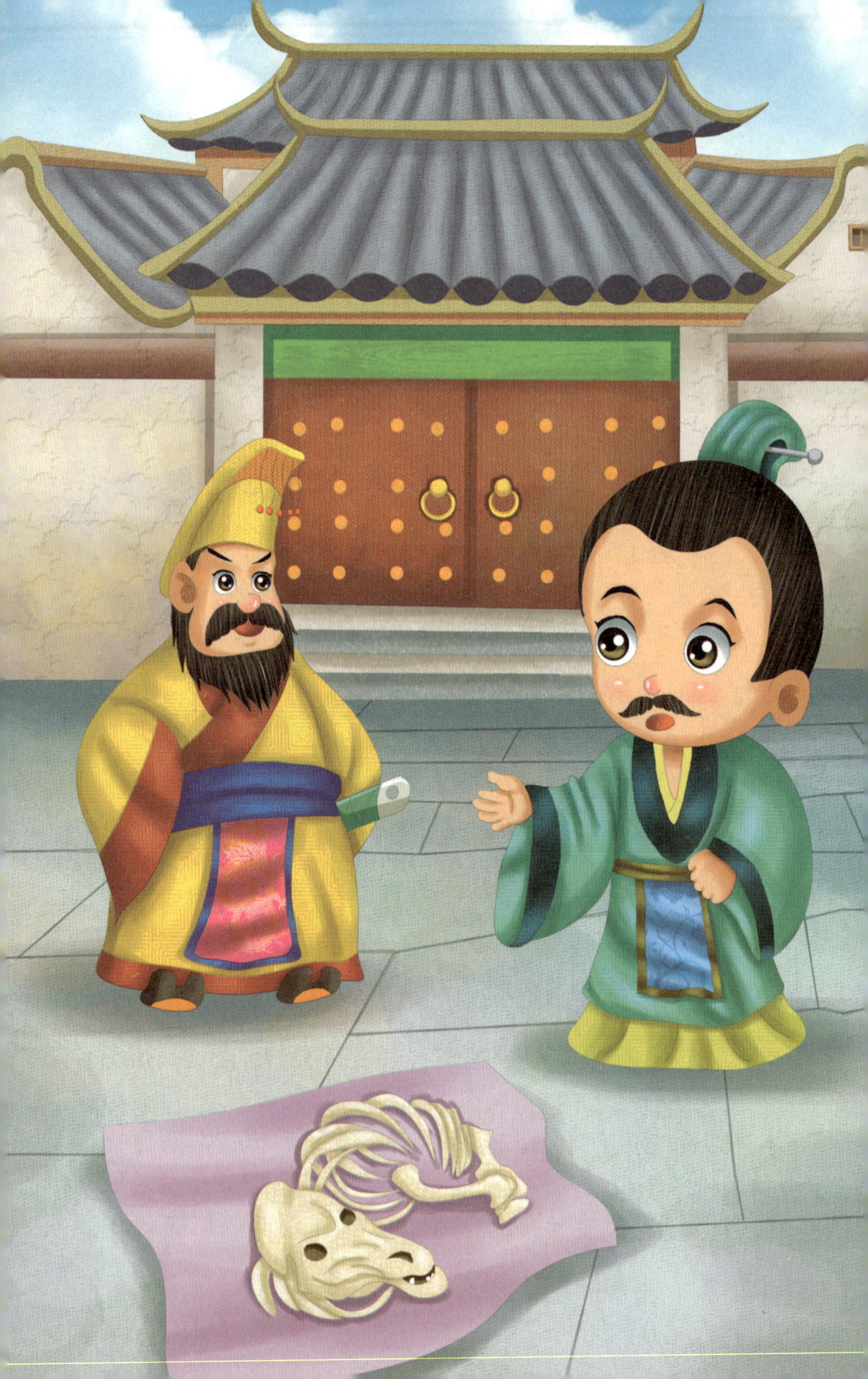

会传出去,天下人都知道大王愿意出大价钱购买千里马。真有千里马的人听到这个消息,一定会主动把千里马送上门来。"

国王听了这话,觉得有道理,气也消了。果然,不到一年的工夫,国王就买到了三匹千里马。

讲完故事,郭隗接着说:"如果大王真想招纳贤才,就以先任用我开始。像我这样的人都能被重用,比我有才能的人一定会不远千里来到大王这里。"

燕昭王当真重用了郭隗,给他造官府,并且拜他做老师。各国有才能的人听说了这件事,纷纷跑到燕国来做官。燕昭王依靠这些贤才,奋发图强,励精图治,终于打败了齐国,收复了失地,振兴了燕国。

十五删

兴对废,附对攀,露草对霜菅,歌廉对借寇,习孔对希颜。山垒垒,水潺潺,奉璧对探镮。礼由公旦作,诗本仲尼删。驴困客方经灞水,鸡鸣人已出函关。几夜霜飞,已有苍鸿辞北塞;数朝雾暗,岂无玄豹隐南山。

译文

兴起对荒废,依附对攀交,含露的小草对经霜的菅茅,歌颂廉范对借用寇恂,学习孔子的儒学对效法颜回的好学。山势重重叠叠,水流缓慢清澈,蔺相如完璧归赵

对羊祜探得金环。《周礼》是周公制定编著的,《诗经》是孔子删辑整理的。驴子都累了,孟浩然才经过灞水;公鸡才刚刚啼叫,孟尝君已经出了函谷关。连着几个夜晚风霜飞降,已经有鸿雁离开了边塞;几个早晨浓雾弥漫,应该有传说中的黑豹隐藏在南山中了。

鸡鸣狗盗

战国时期,秦昭王听说齐国的孟尝君很有才能,便请他到秦国担任相国。秦国的

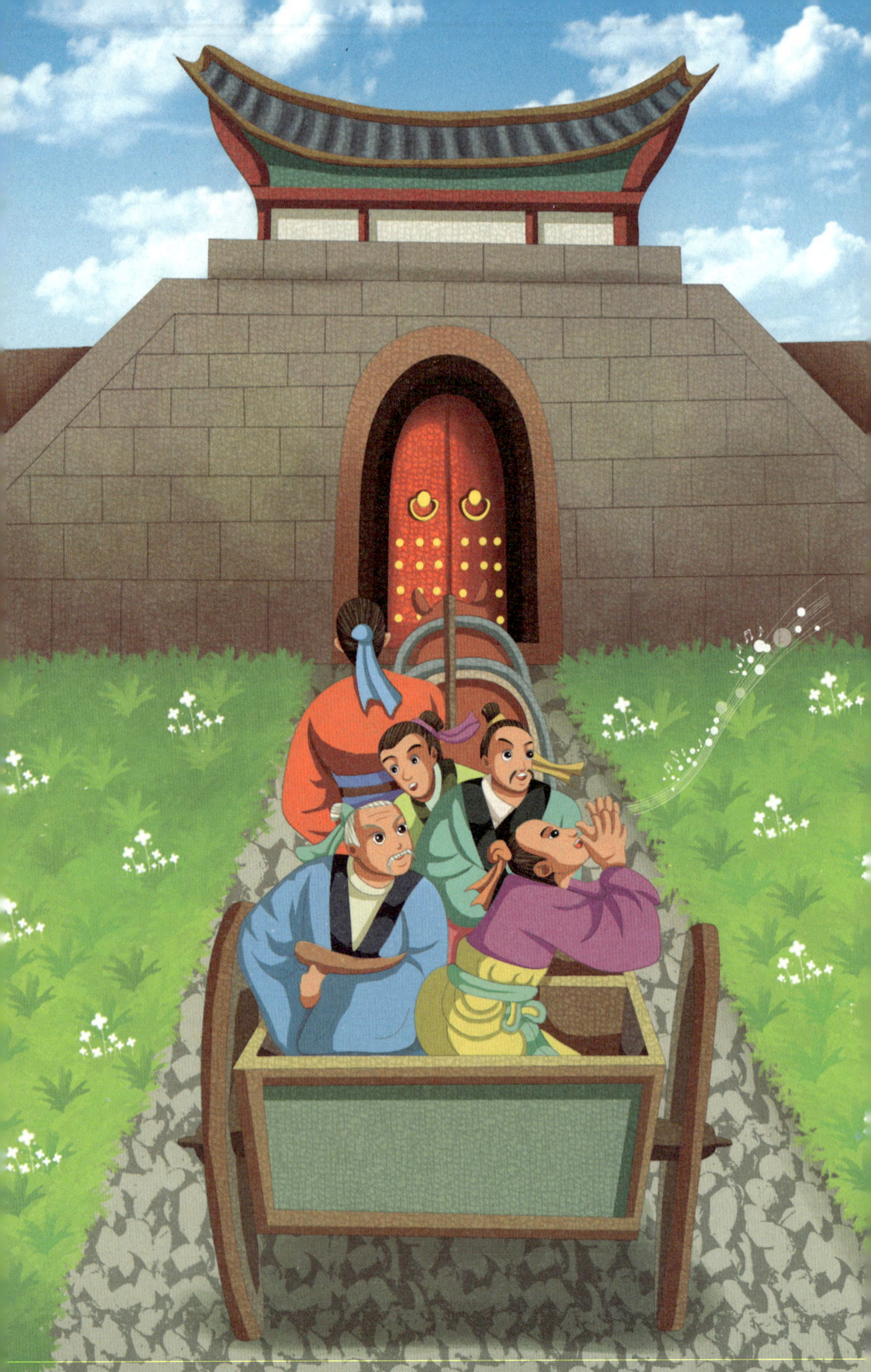

大臣们很不满意,纷纷对秦昭王说:"孟尝君确实很有才能,但是不能让他担任秦国的相国。他出身齐国王族,遇到重大问题,一定会先为齐国考虑,然后才会给秦国谋利,这样一来,秦国就危险了。"秦昭王认为有道理,于是撤了孟尝君的职,把他软禁起来,并想找机会把他杀掉。

孟尝君看情况不妙,给秦王宠爱的妃子燕姬送去了珍宝,求她说情,放自己回到齐国。燕姬说,她不要那些珍宝,只要孟尝君送给秦王的那件白狐狸皮大衣。

孟尝君把门客找来商量对策。这时,有一位门客自告奋勇,要把那件大衣偷回来。夜深人静的时候,这位门客悄悄地从狗洞爬进秦王的官殿,神不知鬼不觉地偷回了那件白狐狸皮大衣。

燕姬得到白狐狸皮大衣,心花怒放,便说服了秦昭王放孟尝君回国。

孟尝君死里逃生,连夜率领手下门客,急急忙忙向秦国边境逃去。跑到函谷关时,天还没亮,城门紧闭。按规定,鸡叫之后开城门,放行人出入。这时候,孟尝君的另一位门客学鸡鸣叫,周围的公鸡听到了,纷纷跟着叫了起来。守门人听到鸡叫声,就把城门打开,放他们出去了。

秦王释放了孟尝君,马上就后悔了,连忙派人去追。追兵来到了函谷关,天才蒙蒙亮,而这时孟尝君已经出了城。

下卷

XIA JUAN

一先

晴对雨,地对天,天地对山川。山川对草木,赤壁对青田。郏鄏鼎,武城弦,木笔对苔钱。金城三月柳,玉井九秋莲。何处春朝风景好,谁家秋夜月华圆。珠缀花梢,千点蔷薇香露;练横树杪,几丝杨柳残烟。

译文

晴天对下雨,大地对苍天,天地对山川。山川对草木,赤壁对青田。周成王在郏鄏定鼎建都,子游在武城用弦歌教化百姓,木笔对苔钱。金城三月的柳条婀娜多

姿，玉井九月的莲花竞吐芬芳。春天什么地方的风景更好，秋天夜晚谁家的月亮更圆？露珠点缀在花瓣上，好像洒上了千点蔷薇香露；雾气环绕在树枝梢头，好似杨柳残烟。

周成王定鼎建都

周武王伐纣灭商后，发现在镐京（今陕西省西安市西南）控制遥远的东部新征服地区，十分不便。就想选郏鄏（今河南洛阳）为都，建成一个能够控制东方的据点。但还没有来得及实施这一计划，武王就去世了。

当时继位的周成王年幼，辅佐成王的周公在两次东征平叛的过程中，进一步认识到武王这一计划的重要性，同时也出于方便征收贡赋的需要，于是按武王遗愿在郏鄏大规模营建都邑。

建设之初，召公负责查看地形选址，并进行了占卜，兆象非常吉利。周公、召公用商王朝的遗民和劳动力，在洛水旁建起了宗庙、宫殿和市肆，建成后把相传大禹所铸的象征天下王权的九鼎也迁于此。郏鄏，自此称为"成周"，意为周王朝的统治大功告成。

周成王迁都后,天下太平,社会稳定。成王之后的周康王,继承和发展了周的事业,西周王朝达到鼎盛,被史学家誉为"成康盛世"。

离对坎,震对乾,一日对千年,尧天对舜日,蜀水对秦川。苏武节,郑虔毡,涧壑对林泉。挥戈能退日,持管莫窥天。寒食芳辰花烂熳,中秋佳节月婵娟。梦里荣华,飘忽枕中之客,壶中日月,安闲市上之仙。

译文

离卦对坎卦,震卦对乾卦,一天对千年,尧治理的天下对舜统治的时代,蜀地的江水对秦地的山川。苏武的旌节,郑虔的毡毯,山间沟谷对林中清泉。春秋时期,楚国的鲁阳文子勇猛无比,挥动长戈可以

使日头退后;别企图透过竹管看全天空。寒食节的时候,正是花开烂漫的时节;中秋佳节,是一年中月色最明媚美好的时候。卢生枕着仙枕,在睡梦中得到了虚无飘渺的富贵荣华;老翁跳进酒壶,在里面体会另一种安闲自在的生活。

黄粱一梦

唐玄宗时期,有个姓卢的书生上京赶考,经过邯郸时,在一家旅店里,遇到了一个叫吕翁的道士。

两人在攀谈中，卢生的语气里流露出渴望荣华富贵、厌倦贫困生活的想法，不管吕翁怎么劝解，他都难以释怀。于是，吕翁便拿出一个枕头递给卢生，说："你枕着我这个枕头睡，它可以使你荣华富贵，适意愉快，就像你想要的那样。"

卢生头刚沾枕，就眼前一黑。他发现自己已回到了家里。过了几个月，他娶了一个很有钱的老婆，陪嫁的物品让他的生活变得富足起来。

第二年，他参加进士考试，一举得中，做了专管代皇帝撰拟诏令的知制诰。从此之后，他便一路平步青云，直做到了户部尚书兼御史大夫，成为功大位高，令满朝文

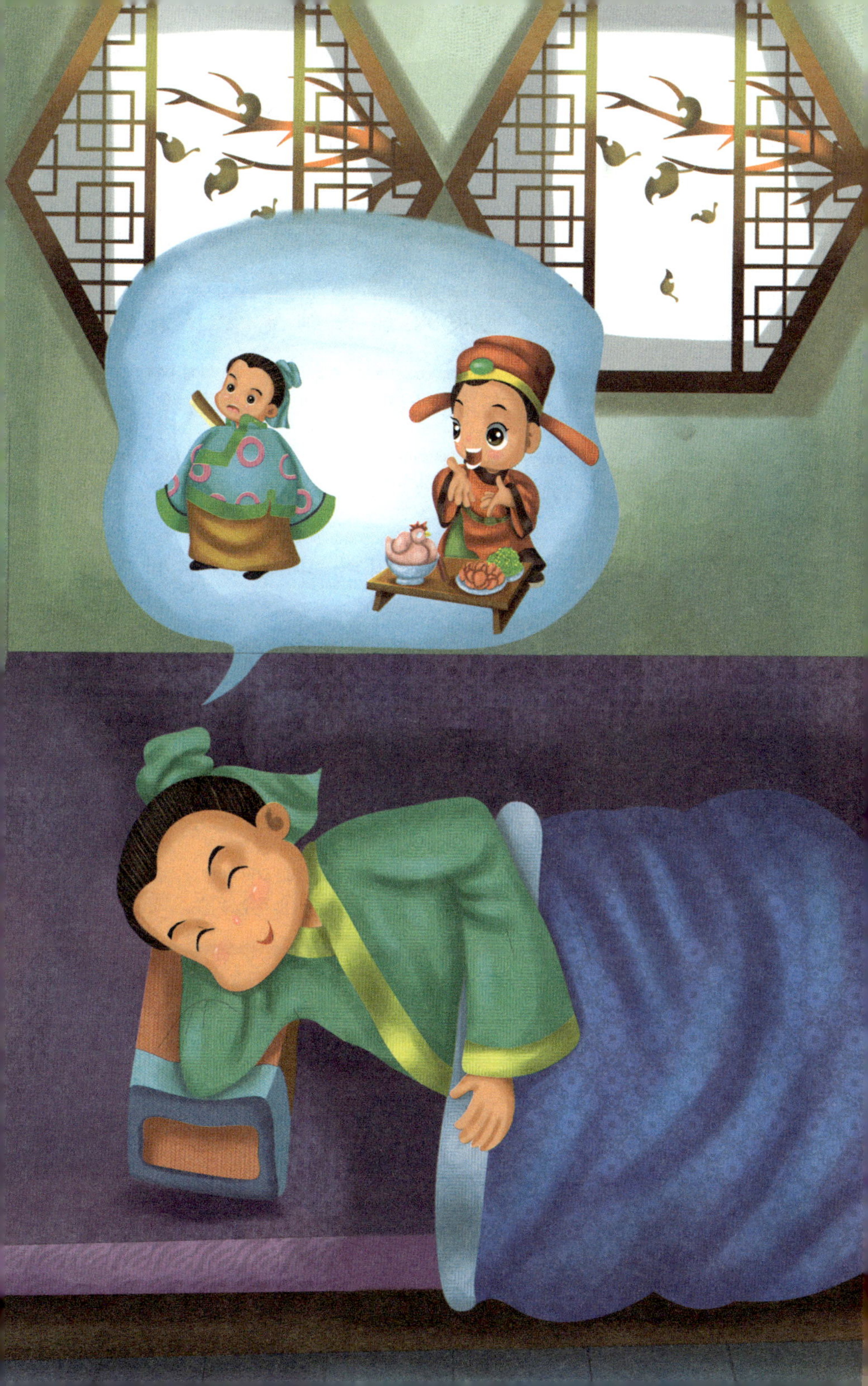

武官员都深为折服的朝廷重臣。

不过,卢生的功成名就,也遭到官僚们的妒忌。他被人诬告结党营私,图谋不轨。虽然没有被处死,却被流放到偏远蛮荒的地方。过了好几年,他的冤狱才被平反。他又重新被起用为中书令,封燕国公。然而此时,他对做官已经心灰意懒。他想辞官,但皇帝却不批准。

就在享尽荣华富贵的卢生死去的那一刻,睡在旅店里的卢生打了个哈欠,醒了。他发现自己还是那个穷书生,他睡觉时店主人开始蒸的黄粱米饭还没熟呢。

卢生终于醒悟,荣华富贵如同一场梦,如浮云般虚幻。

二萧

恭对慢,吝对骄,水远对山遥。松轩对竹槛,雪赋对风谣。乘五马,贯双雕,烛灭对香消。明蟾常彻夜,骤雨不终朝。楼阁天凉风飒飒,关河地隔雨潇潇。几点鹭鸶,日暮常飞红蓼岸;一双鸂鶒,春朝频泛绿杨桥。

译文

恭敬对怠慢,吝啬对骄奢,水远对山遥。松木搭建的轩屋对竹子围成的栏杆,文人精心写作的《雪赋》对百姓随口唱诵的民

谣。乘坐五匹马拉的车,一箭射中两只大雕,蜡烛熄灭对熏香消散。皎洁的月光彻夜明亮,骤降的暴雨下不了一整个早晨。楼阁在高处,天气更加寒凉,风吹飒飒作响;山河辽阔,被阻隔在看不见的两地之间,雨水下得又大又快。日落前,几只鹭鸶常常在长满红蓼的岸边飞翔;春天的早晨,一对鸂鶒经常在绿杨桥下游弋。

故事链接

长孙晟一箭双雕

北周有一个智勇双全的人叫长孙

晟。据说,他刚生下来的时候,身体非常的瘦弱,他母亲为了锻炼他,从三岁开始,就让他天天上山去砍柴。八岁的时候,长孙晟就比同龄的男孩强壮很多,而且他有一股使不完的力量。不仅如此,长孙晟特别精通射箭。在十八岁那年,他练就了百发百中的射箭技艺。成年后,长孙晟成为了北周的一名将军。

北周宣帝在位时,西北有一个少数民族——突厥。这一年,突厥的可汗摄图到北周求婚,周宣帝答应了。不久,周宣帝派长孙晟护送公主前往突厥。

到了突厥,可汗摄图很欣赏长孙晟,留他在那里住了一年。这一年中,可汗摄图

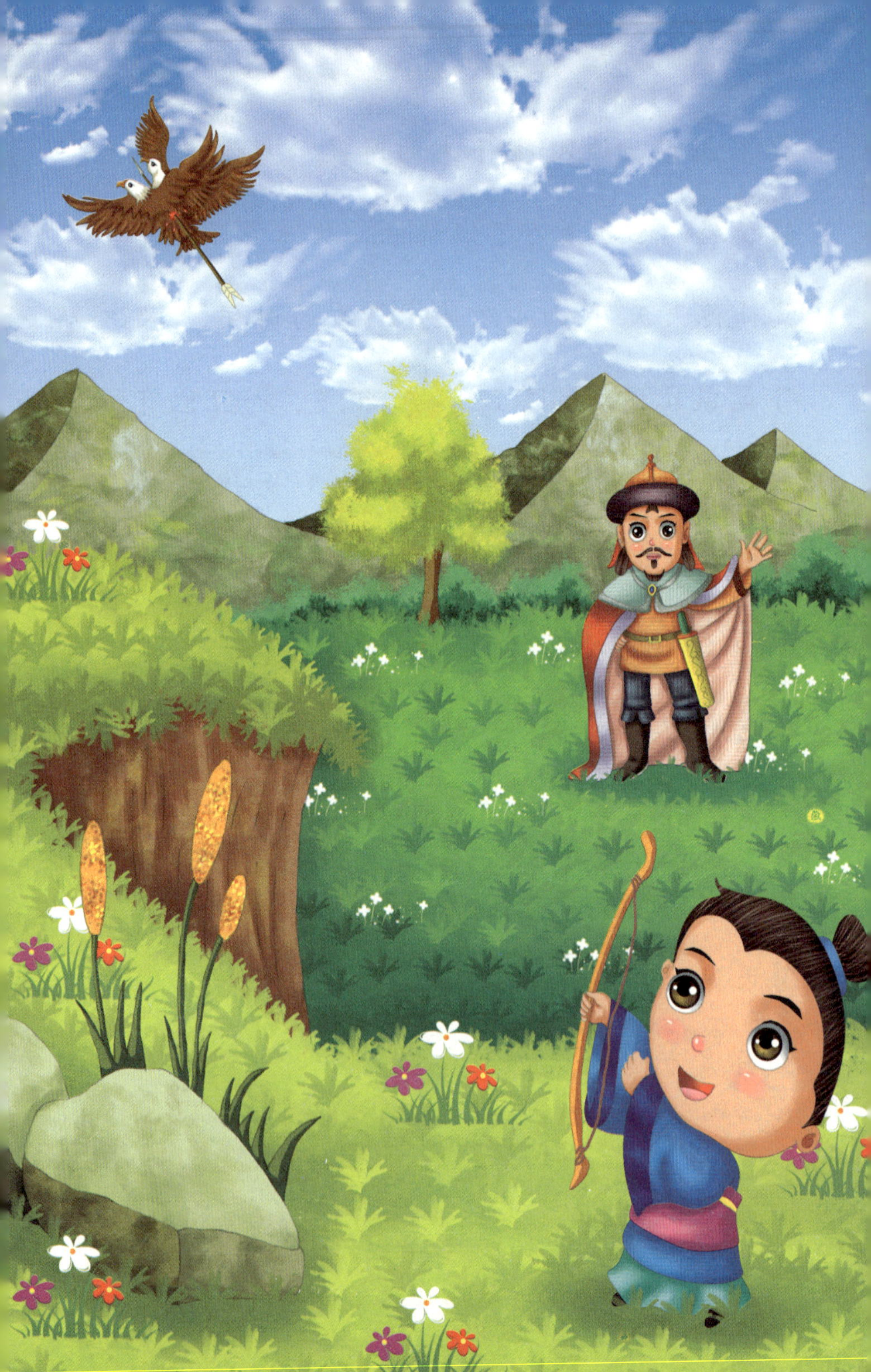

经常带着长孙晟一起去打猎。有一次,他俩正在打猎,摄图猛抬起头,看见天空中有两只大雕在争夺一块肉。他忙送给长孙晟两支箭说:"能把这两只雕射下来吗?"

长孙晟说:"我试试看。不过,只需要一支箭就够了。"只见长孙晟弯弓搭箭,仔细瞄准之后,"嗖"的一声,两只大雕便串在一起掉落下来了。在场的人顿时欢呼起来,连连称赞道:"将军一箭双雕,真不愧是神箭手啊!"

从此,成语"一箭双雕"便流传了下来。人们用它来比喻做一件事情能达到两个目的,或同时能得到两种好处。

三肴

牛对马,犬对猫,旨酒对佳肴。桃红对柳绿,竹叶对松梢,藜杖叟,布衣樵,北野对东郊。白驹形皎皎,黄鸟语交交。花圃春残无客到,柴门夜永有僧敲。墙畔佳人,飘扬竞把秋千舞;楼前公子,笑语争将蹴鞠抛。

译文

牛对马,狗对猫,美酒对佳肴。桃花红对柳叶绿,竹叶对松树梢,拄着拐杖的老人,穿着粗布衣服的樵夫,北边的原野对

东边的乡郊。白马颜色纯正洁白,黄鸟叫声婉转和谐。暮春的时候没有人再到花园里赏花,深夜的时候还有僧人敲响小门。院墙内,美丽的姑娘争着要荡秋千;楼门前,公子们欢笑着玩蹴鞠的游戏。

"推敲"的故事

唐代诗人贾岛是出了名的"苦吟"诗人。

有一天,贾岛去拜访一个叫李凝的朋友。李凝住在长安城的郊外,贾岛是第一次去他家,沿着山路找了好久,直到天黑夜深了,才终于找到。贾岛敲了敲门,没有人来应。试着推门,门又锁着。贾岛想,也许李凝出远门了,我还是回去吧,改天再来找他好了。

离去之前,贾岛想告诉李凝自己来过,就在他家的墙上留了一首诗:闲居少邻并,草径入荒园。鸟宿池边树,僧推月下门。过桥分野色,移石动云根。暂去还来此,幽期不负言。

第二天,贾岛骑着毛驴经过长安城。他想起昨晚写的那首诗,总觉得三四句"鸟宿池边树,僧推月下门"不太好,其中的"推"字或许改用"敲"字更恰当些。为了

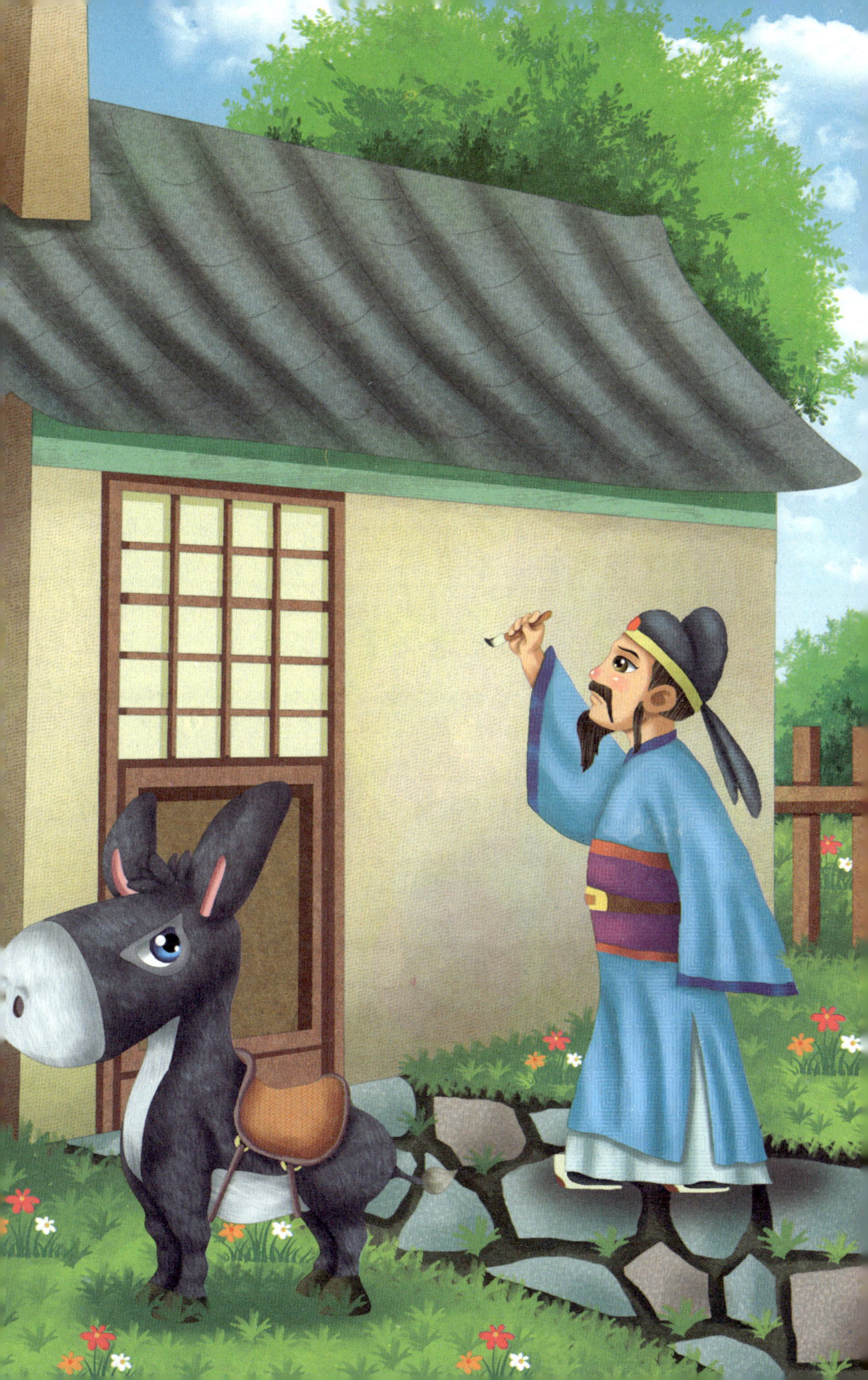

辨别这两个字用哪个更好,贾岛就在毛驴背上反复吟咏起来,一边还做着推门或敲门的动作。

这时,一个高官的仪仗队浩浩荡荡地走来,正是在京城做官的韩愈。行人、车辆都纷纷避让,只有正在苦吟的贾岛,还毫无所觉。护卫们赶紧把贾岛抓起来,喝问他为什么不避让。贾岛这时才知道自己冲撞了高官,连忙解释自己正在斟酌一首诗的用字,所以忘了周遭的情况。

坐在轿子里的韩愈听到贾岛的解释,便很感兴趣地走出来,让他把整首诗念给自己听。韩愈思索了一下"推"和"敲"字的区别,然后对贾岛说:"我看还是用'敲'

好,万一门是关着的,推怎么能推开呢?再者去别人家,又是晚上,还是敲门有礼貌呀!而且一个"敲"字,使夜静更深之时,多了几分声响。静中有动,岂不活泼?"

贾岛听了连连点头。

贾岛这回不但没受处罚,还和韩愈交上了朋友,并且留下了"推敲"这个脍炙人口的常用词。人们常用"推敲"来比喻做文章或做事时,反复琢磨,反复斟酌,才能得到最佳的效果。

四豪

刑对赏，贬对褒，破斧对征袍。梧桐对橘柚，枳棘对蓬蒿。雷焕剑，吕虔刀，橄榄对葡萄。一椽书舍小，百尺酒楼高。李白能诗时秉笔，刘伶爱酒每铺糟。礼别尊卑，拱北众星常灿灿；势分高下，朝东万水自滔滔。

译文

刑罚对赏赐，批评对褒扬，旧斧对战袍。梧桐树对橘树柚树，枳棘对蓬蒿。雷焕掘得宝剑，吕虔送人佩刀，橄榄对葡萄。一间小书房，百尺高酒楼。李白擅长写诗，所

以时常拿着笔;刘伶好喝酒,连酒糟也吃。

礼有尊卑之别,璀璨的星星拱绕着北斗星;

地势有高下之分,滔滔江水滚滚向东海流去。

刘伶一醉三年

传说刘伶极好饮酒,也极能饮酒。由于对当时的政治不满,他便经常在外游荡,喝酒。

有一次,刘伶来到洛阳南边,走到一家杜康酒坊门前,抬头看见门上有副对联,写道:"猛虎一杯山中醉,蛟龙两盏海底眠。"中间的横批是"不醉三年不要钱"。

刘伶觉得这副对子太夸口了,很不高兴,就带着气进了酒馆,嚷着让老板拿酒来,并且连干了三杯。第三杯酒下肚,刘伶便感觉天旋地转,头晕眼花,看到的东西好像都在不停晃动。刘伶这次是真的醉了,连酒钱都没付,就跌跌撞撞地回家去了。

一回到家,刘伶交代妻子说:"我要死了,就把我埋在酒池内,上面埋上酒糟并把酒盅酒壶给我放在棺材里。"说完,他就不省人事,死了一般。刘伶的妻子以为刘伶真的死了,就按照他的吩咐将他安葬了。

不知不觉,三年过去了。这天,杜康酒

坊的老板上门找刘伶要酒钱。刘伶的妻子上前开门,听说了对方的来意,就气不打一处来,说:"刘伶三年前喝你家的酒醉死了,你还敢来要酒钱,我还找你要人呢。"老板听说刘伶已经被埋葬了三年,连忙说:"他不是死了,只是醉了。我的酒喝三杯下去就能醉上三年,所以我今天才来找他要酒钱。你赶紧带我去埋他的地方看看,说不定还来得及救他。"

刘伶的妻子半信半疑地带他到刘伶的墓地,挖开坟墓,打开棺材一看,刘伶面色红润,确实像生前一般。老板上前把刘伶拍醒。只见刘伶打了个哈欠,伸伸胳膊,一边睁眼,一边嘴里喃喃夸道:"好酒,好酒!"

五歌

繁对简,少对多,里咏对途歌。宦情对旅况,银鹿对铜驼。刺史鸭,将军鹅,玉律对金科。古堤垂罼柳,曲沼长新荷。命驾吕因思叔夜,引车蔺为避廉颇。千尺水帘,今古无人能手卷;一轮月镜,乾坤何匠用功磨。

译文

繁复对简单,少对多,百姓的诗对路人的歌。做官的情形对旅途的情况,银制的鹿对铜制的骆驼。唐朝刺史李远爱吃野鸭,晋代右将军王羲之喜欢养鹅,固定的法律对不

变的规矩。古堤上种着垂柳,曲折的沼泽中长着新鲜的荷花。吕安因为思念嵇康,所以叫人准备马车;蔺相如为了避开廉颇,所以让驾车的人躲进小巷。千尺长的水帘,从古到今没有人能够把它卷起来;一轮明月如镜,天地间什么样的工匠能够打磨得出来?

故事链接

吕安"千里命驾"

吕安是魏晋时期的名士,他恃才傲物,蔑视礼法,与"竹林七贤"之一的嵇康是至交好

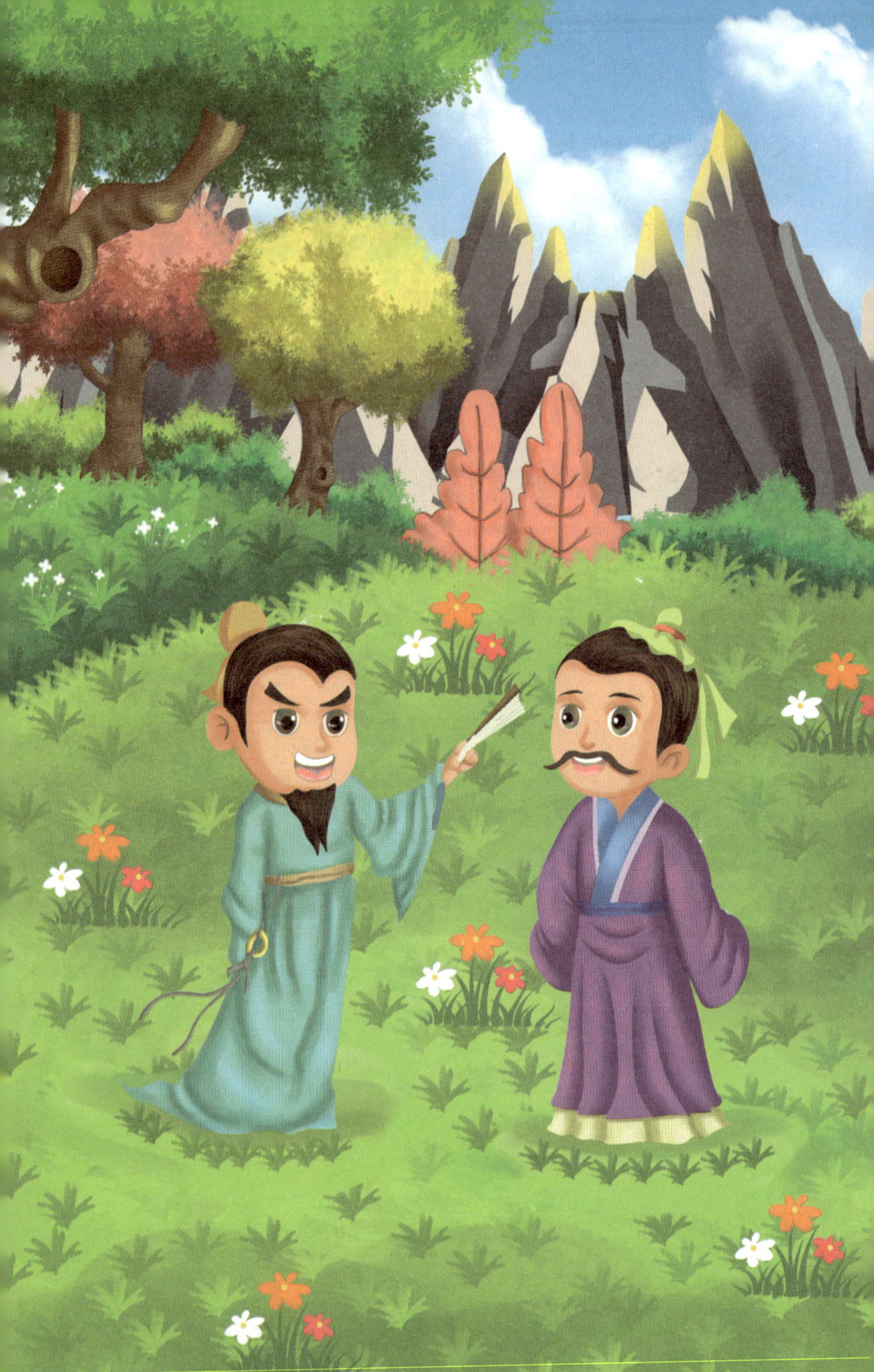

友。两人志趣相投,互相欣赏,情同手足。

吕安与嵇康的家相隔很远,因而两人不能常常见面。但每次吕安思念嵇康,都会不辞辛苦,命人驾着马车载着自己去看望他。每次重逢,嵇康总会为吕安准备一坛好酒,弹上一支琴曲。他们一同游山玩水,谈论诗文,相处得十分愉快。离别之时,二人都笑着相约下次再聚。后来,人们便用"千里命驾"来指代路远的朋友造访和称颂朋友之间的深情厚谊。

有一次,吕安久不见嵇康,十分思念,便不远千里,驾车来到嵇家造访,因未事先相约,恰巧嵇康不在家。嵇康的哥哥嵇喜出门来迎接。可吕安瞧不起嵇喜,连门槛都未进，便要打道回府。嵇喜出于礼貌好客，再三挽留。吕安竟无动于衷，提笔在门上写了一个"凤"字，便回头而去。嵇喜不解其意，还以为是客人赏识他而题写的，非常沾沾自喜。其实，"凤"繁体字为"鳳"，拆开来就是"凡鳥（鸟）"，这是在讥讽嵇喜庸才，俗不可耐。

后来，吕安被自己的兄弟诬告而入狱，嵇康为友人仗义执言也受到牵连。钟会与嵇康不和，借机向司马昭进献谗言，最终吕安和嵇康这对名士朋友都被杀害了。

六麻

松对柏,缕对麻,蚁阵对蜂衙。赪鳞对白鹭,冻雀对昏鸦,白堕酒,碧沉茶,品笛对吹笳。秋凉梧堕叶,春暖杏开花。雨长苔痕侵壁砌,月移梅影上窗纱。飒飒秋风,度城头之筚篥;迟迟晚照,动江上之琵琶。

译文

松树对柏树,丝线对麻绳,蚂蚁爬行的队伍对蜜蜂护卫蜂王的队伍。赤鳞鱼对白鹭鸟,挨冻的麻雀对黄昏的乌鸦。刘白堕酿

的美酒，名叫碧沉的香茶，欣赏笛声对吹奏胡笳。秋天天气转凉，梧桐树上的叶子开始掉落；春天天气暖和，杏花早早开放。在长时间雨水的滋润下，苔藓在墙壁和台阶上迅速生长；随着月光的移动，梅树的影子落在了窗纱上。秋风飒飒，有人在城头吹起了筚篥；夕阳柔和，江面上传来弹奏琵琶的声音。

擒奸酒

北魏时期，在青州有个叫刘白堕的人，

他非常善于酿酒。据说，他酿的酒可以放在六月天的太阳底下，一连暴晒十天半个月，不仅味道不变坏，反而会更加醇美。谁要是喝多了醉了，短时间内是醒不来的，酒量差的人还可能要睡足一个月！

因为刘白堕酿的酒这么有名，甚至有京城的达官贵人也千里迢迢派人来买酒。

有一次，青州刺史毛鸿宾被调到外地当官。在收拾行李时，他特别小心地把藏在地窖里的刘白堕酒给带上了。

半路上，毛鸿宾一行人遇到了拦路抢劫的强盗。为了性命安全，毛鸿宾让家人都不许动，眼睁睁地看着一群人把他们所有的财物都掳走，包括那坛刘白堕的酒。

强盗们十分满意这次抢劫的过程，看到抢来的东西里有一坛包得非常仔细的美酒，于是就在路上你一口我一口地喝了起来。结果，一坛酒喝光，一群强盗都醉得躺在地上动不了了。

毛鸿宾看到一坛酒醉倒了一群强盗，赶紧通知附近驿站的官员，把这伙为害乡里的强盗一个不留地抓了起来。这群强盗毫无知觉，一直在监牢里躺了好几天，才慢慢地醒过来。可是，他们已经出不去了。

这件事很快传开了，从此人们给这个酒起了个神气的名字，叫"擒奸酒"。

七阳

高对下,短对长,柳影对花香。词人对赋客,五帝对三王。深院落,小池塘,晚眺对晨妆。绛霄唐帝殿,绿野晋公堂。寒集谢庄衣上雪,秋添潘岳鬓边霜。人浴兰汤,事不忘于端午;客斟菊酒,兴常记于重阳。

译文

高对下,短对长,柳树的影子对花朵的香气。作词的人对写赋的人,五帝对三王。幽深的庭院,小小的池塘,黄昏远望对清晨梳妆。后唐庄宗李存勖死于绛霄殿中,晋公裴度住在绿野堂里。天气寒冷,谢庄的衣服上落满了雪花;秋天到了,潘岳的鬓边又增多了像霜一样的白发。端午不要忘了用兰草烧水沐浴,重阳时记得跟朋友一起喝菊花酒。

故事链接

重情重孝的潘岳

晋代潘岳,字安仁,人称潘安,是我国历史上有名的美男子。潘岳虽然长得帅,但并不因此而花心,而是对妻子杨氏用情专一。

潘岳十二岁时,就与十岁的杨氏定了

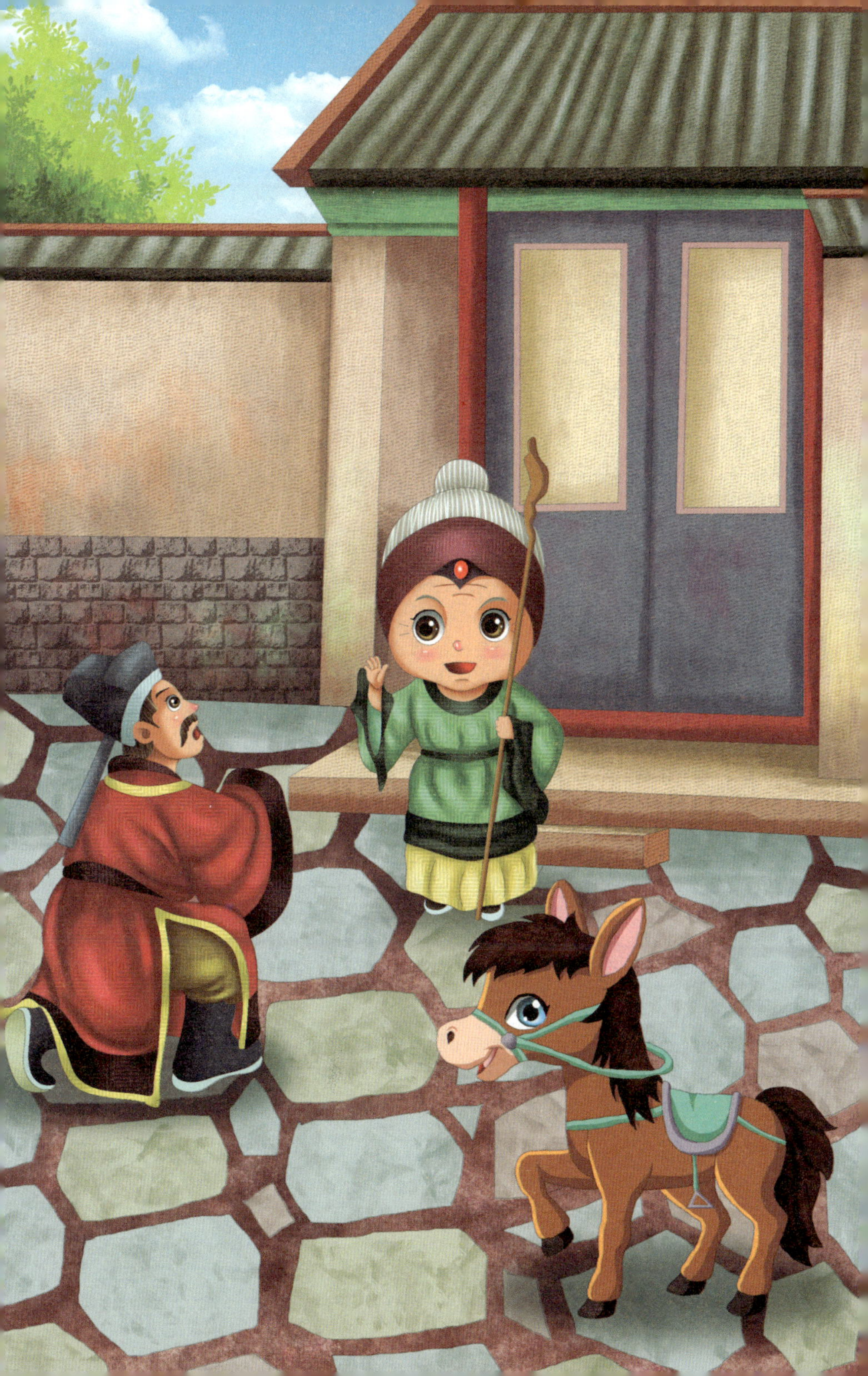

亲,此后相濡以沫二十多年,感情非常深厚。后来,杨氏去世了,潘岳悲痛欲绝,两鬓的头发都因此变白了。后来人们以"潘鬓"来形容中年人鬓发初白。

潘岳还是个孝子。晋武帝时期,潘岳任河阳县令。当时他的父亲已去世,他就接母亲到任所一起住。有一年,他的母亲生病了,想要回到自己的故乡居住。潘岳知道了母亲的愿望,就立刻辞了官,陪母亲回老家。他的上司再三挽留他,他就说:"我若是贪恋荣华富贵,不肯听从母意,那算什么儿子呢?"上司被他的孝心感动,便同意他辞官。

八庚

虚对实，送对迎，后甲对先庚。鼓琴对舍瑟，搏虎对骑鲸。金匼匝，玉玜琤，玉宁对金茎。花间双粉蝶，柳内几黄莺。贫里每甘藜藿味，醉中厌听管弦声。肠断秋闺，凉吹已侵重被冷；梦惊晓枕，残蟾犹照半窗明。

译文

虚幻对真实，送行对欢迎，后甲三日对先庚三日，演奏琴对放下瑟，打老虎对骑鲸鱼。金丝缠绕，玉石敲击，精美的玉宇殿对铜制的金茎柱。花丛中一双粉色的蝴蝶自

在飞舞,柳树中几只黄莺愉快鸣叫。贫穷的时候感觉粗糙的饭菜也很美味,醉酒后连听优美的管弦歌舞表演都感到厌倦。秋天闺中的女子心事凄凉,凉风让人盖好几床被子都不觉得暖;早晨从梦中醒来,残月的光亮还透过窗户照射进来。

故事链接

曾点舍瑟

孔子让身边的弟子们谈谈自己的志向。

当时在座的有曾点、子路、冉有和公西华,其他人都踊跃地说要做官、赚钱等,只有曾点坐在一边弹瑟,不发表意见。孔子就对曾点说:"你怎么不说说自己的志向呢?"

曾点把瑟放到一边,站起来回答说:"我和他们的志向都不一样。"

孔子就说:"没关系,大家只是坐一起随便谈谈,你也尽管说来让我们听听。"

于是,曾点说:"我的志向,就是在春天里,穿上春装,带上三五个好朋友一起去郊游,沐浴春风,在风中跳舞,在歌声中回家,这样多好。"

孔子对曾点的想法大加赞赏,说:"我和你的志向是一样的啊。"

九青

红对紫,白对青,渔火对禅灯。唐诗对汉史,释典对仙经。龟曳尾,鹤梳翎,月榭对风亭。一轮秋夜月,几点晓天星。晋士只知山简醉,楚人谁识屈原醒。绣倦佳人,慵把鸳鸯文作枕;吮毫画者,思将孔雀写为屏。

译文

红色对紫色,白色对青色,渔船上的火对佛殿里的灯。唐朝的诗歌对汉代的史书,佛教的典籍对道教的经书。乌龟摇动尾巴,仙鹤梳理羽毛,月下的楼阁对风中的亭

台。一轮明月挂在秋天的夜空,几点星星照映在黎明的天空。晋代人只知道山简,经常喝得大醉;楚国人有谁懂得屈原独自清醒的痛苦?绣花绣累了的女子,懒得把鸳鸯绣在枕巾上;准备作画的人,打算把孔雀开屏的样子画在屏风上。

摇尾涂中

庄子是战国时期道家学派的代表人物,他学识渊博,淡泊名利,追求逍遥的生活境界。他一直隐居在山野中,过着穷

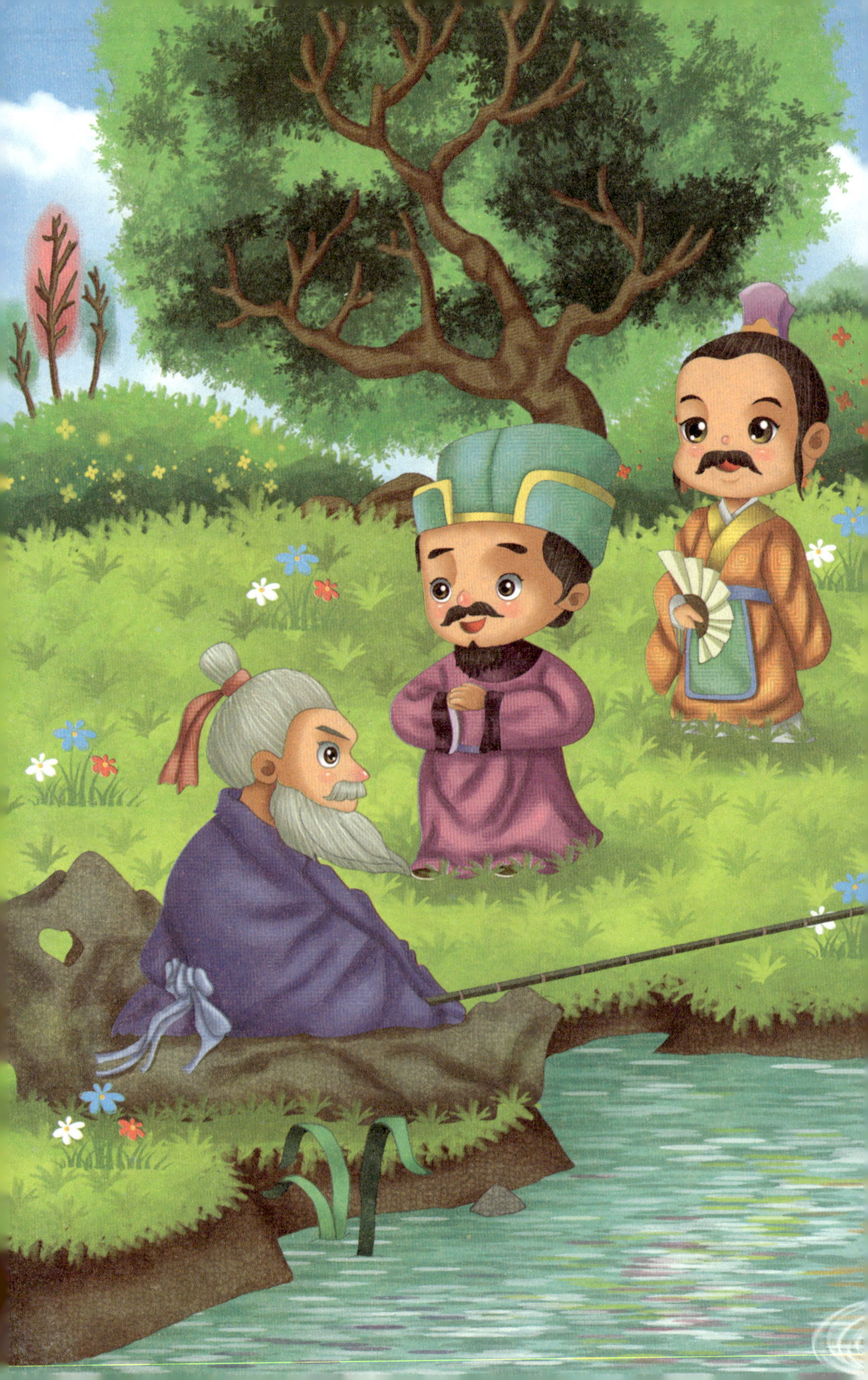

困潦倒的生活。庄子宁愿靠钓鱼、打草去卖来维持生活，也不愿入仕为官。

有一天，楚王听说了庄子的名声，特意派两名大夫带着许多贵重珍宝，去聘请庄子，希望他能帮助自己治理国家。

两名大夫来到濮水边，找到正在垂钓的庄子，弯腰施礼说："大王有国家大事向先生请教，希望先生能出山，辅佐大王，为大王解忧。"

庄子拿着鱼竿，头也不回地说："听说楚国有只神龟，死了已经有三千年，被大王用锦缎包着，放在竹匣中，供奉在宗庙的堂上。有这回事吗？"

楚国的两名大夫回答说："是有这回事。"

庄子接着说:"你们说,这只神龟是宁愿死去留下一副骨头让人们供奉,以显示自己的尊贵呢,还是活着拖着尾巴在烂泥里爬行呢?"

两名大夫回答说:"自然是愿意活着在泥里爬行啦。"

庄子说"你们请回吧!因为我也是愿意活着在烂泥里爬行的人。"

两名大夫见庄子用他们自己的话来反驳他们,想不出其他的话来劝他出山,只好灰溜溜地回楚国去了。

十蒸

规对矩,墨对绳,独步对同登。吟哦对讽咏,访友对寻僧。风绕屋,水襄陵,紫鹄对苍鹰。鸟寒惊夜月,鱼暖上春冰。扬子口中飞白凤,何郎鼻上集青蝇。巨鲤跃池,翻几重之密藻;颠猿饮涧,挂百尺之垂藤。

译文

圆规对矩尺,墨斗对绳子,独自步行对共同攀登。写诗对读诗,探访朋友对拜访僧人。大风在屋外吹,大水漫过丘陵,紫色的天鹅对黑色的老鹰。鸟儿在寒冷的月夜鸣

叫，鱼儿跃出春天的薄冰。扬雄曾经梦到有白凤从自己的口中飞出，何晏曾经梦见自己的鼻子上停着许多苍蝇。大鲤鱼从池塘跃出，需要穿过多少茂密的水藻；猴子到山间喝水，需要扯住很长的藤条。

老生常谈

三国时期，有个名叫管辂的人，他十五岁时，就已经熟读《周易》，通晓占卜术。

当时，曹操的侄孙曹爽有两个心腹，一个是吏部尚书何晏，一个是侍中尚书邓

飏。他们倚仗权势，胡作非为，名声很差。

一天，邓飏去何晏家，说起了升官的问题，邓飏说："唉，你我的尚书要当到何时才是头呀？"

何晏说："何不让那个精通《周易》的管辂来为我们占卜一下呢？"邓飏表示同意，何晏便立刻叫家人去请管辂。

管辂早就听说过这两人的"光辉事迹"，

见他们派人来请,就想趁这个机会好好教训他们一顿,于是就答应了。

几个小时后,管辂来到何晏家。何晏对他说:"听说先生很神通,就请你为我卜卜梦吧。我最近几个晚上做梦,都梦见有苍蝇落在鼻子上,怎么赶也赶不走,不知这是吉兆还是凶兆?"

管辂想了一想,说:"从前周公忠厚正直,辅助周成王建国立业,国泰民安;现在你们两个人身居高位,职重如山,名若雷霆,但并不是因为你们有什么恩德值得人们怀念,而是你们的威势令人畏惧。这并不是可以得到福报的方法。所以,你的梦按照卜术来说,应该是个凶兆。"

何晏听着,一惊一乍,鼻尖上出了一层油汗。

管辂又说道:"不过,如果你们能收敛干坏事的心,弥补以往的行为。这样,苍蝇就可以驱除,三公的地位就可以得到了。"

邓飏听到这样一番训斥,不禁生气地说:"你这不是老生常谈吗?我们早就知道,何必再听你的啰嗦?"

管辂哈哈一笑,说:"虽说是老生常谈的话,却不能轻视啊!"

没过多久,传来消息说何晏、邓飏与曹爽一起,因为谋反而被诛杀。管辂知道后,连声说:"老生常谈的话,他们却置之不理,难怪有如此下场啊!"

十一 尤

唇对齿,角对头,策马对骑牛。毫尖对笔底,绮阁对雕镂。杨柳岸,荻芦洲,语燕对啼鸠。客乘金络马,人泛木兰舟。绿野耕夫春举耜,碧池渔父晚垂钩。波浪千层,喜见蛟龙得水;云霄万里,惊看雕鹗横秋。

译文

嘴唇对牙齿,尖角对头颅,策马奔腾对骑牛漫步。笔尖对笔底,华丽的高阁对雕花的楼台。种着杨柳的河岸,长满芦荻的沙洲,呢喃的燕子对啼叫的斑鸠。客人骑着黄

金装饰的马,有人划着木兰做的小船。春天农夫在绿园上耕种,傍晚渔翁在池塘边垂钓。高兴地看着蛟龙在水中翻起千层波浪,惊讶地看见大雕飞上万里云霄。

故事链接

蛟龙得水

北魏孝文帝时,有个叫杨大眼的人,他出身卑微,却有着不凡的胆略和气魄。他还有一项特别的本领,就是非常擅长快走,奔跑如飞。

杨大眼的理想是成为大将,建立军

功，为此他加入了军队。由于地位低下，又没人引荐，他在军中只做了一个小官。

有一年，孝文帝准备南伐，命令尚书李冲挑选带兵出征的各级将领。杨大眼借此机会，主动应征。但是，李冲见他职位低微，很看不起他，没有同意。

杨大眼恳切地说："尚书您还不知道我的本领，不如让我当场演示一下，到时候如果您还是认为我不能胜任，再拒绝也不晚啊。"说完，杨大眼就开始表演自己的绝技。他拿起一根三丈多长的绳子，系在发髻上，然后迅速地向前奔跑。他的速度飞快，从人前跑过时，就像一匹飞驰而过的骏马，发髻上的绳子紧紧跟在他身后，笔直

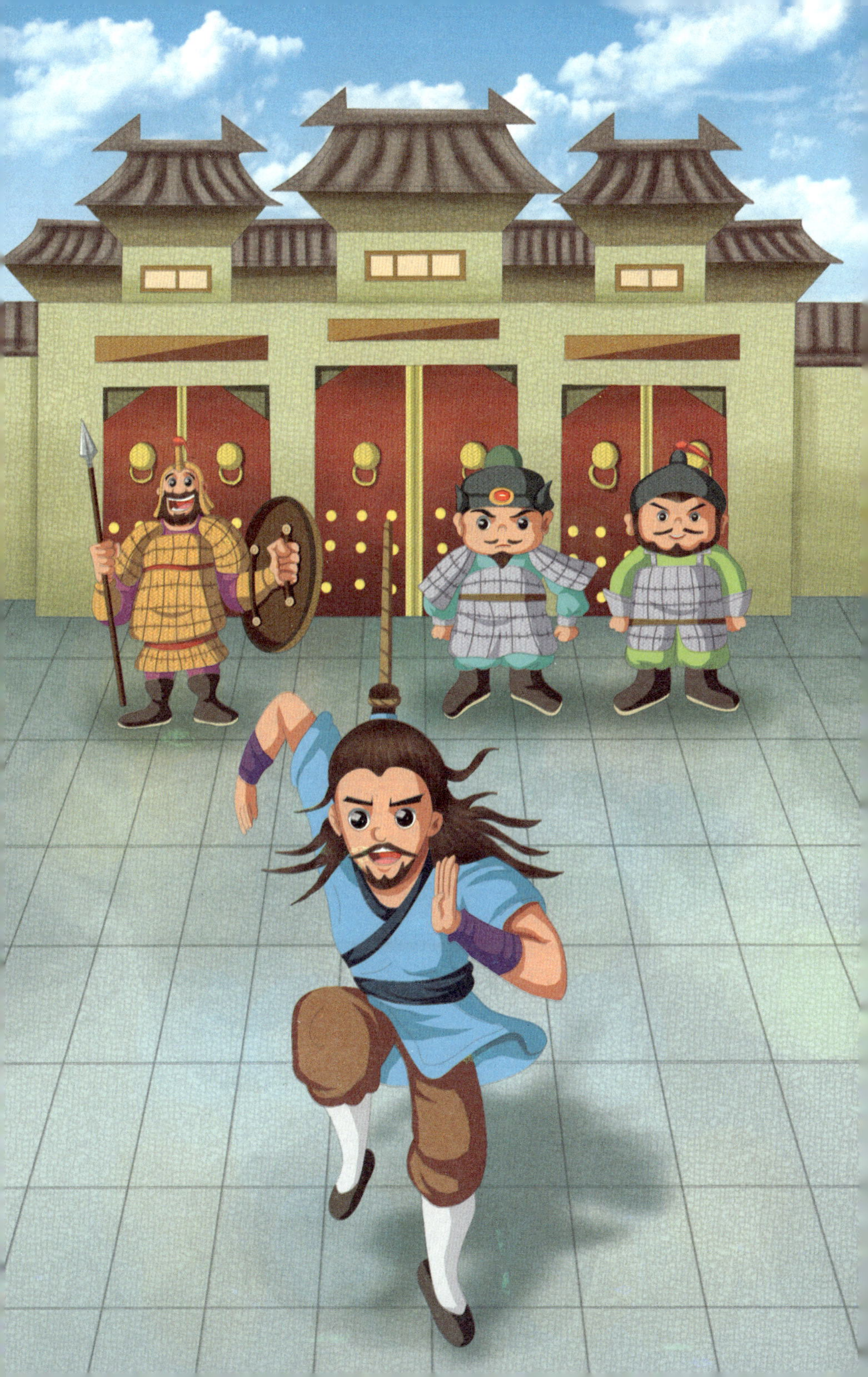

得像一支射出去的箭。周围的人没有一个不拍手喝彩的，李冲也惊喜地说："千百年以来，还没有听说有跑得如此之快的人。"当即任命杨大眼为大军主将。

杨大眼高兴地说："现在的我，正像蛟龙得水，可以兴云作雾，放手大干一番了，从今以后，我就跟你们不一样了。"一句话说出了他远大的志向。

由于杨大眼有很强的统帅能力，任主将不久便升为统军。他跟随孝文帝南征，立下了赫赫战功，成为北魏人人称颂的英雄。

十二侵

前对后,古对今,野兽对山禽。犍牛对牝马,水浅对山深。曾点瑟,戴逵琴,璞玉对浑金。艳红花弄色,浓绿柳敷阴。不雨汤王方剪爪,有风楚子正披襟。书生惜壮岁韶华,寸阴尺璧;游子爱良宵光景,一刻千金。

译文

前对后,古对今,野兽对山禽。公牛对母马,水清浅对山幽深。曾点的瑟,戴逵的琴,未经雕琢的玉对没有冶炼过的金。花的颜色娇艳鲜红,柳树的树荫浓绿阴凉。天不

下雨，汤王亲自剪掉指甲祈求下雨；起风的时候，楚王正披着长襟站立在风中。读书人应该珍惜青春时光，因为一寸光阴等同于一尺美玉那么珍贵；浪客游子要爱惜良夜时光，因为一刻就价值千金。

戴逵摔瑟

戴逵是东晋著名的画家、音乐家。他少年时画的《南都赋》，让他的老师范宣（当时有名的学者）改变了绘画无用的看法。

戴逵多才多艺，出类拔萃。当时武陵王

司马晞官任太宰,听说戴逵鼓瑟非常棒,就派人召他到太宰府去演奏。戴逵非常痛恨那些故作风雅的官僚贵族,认为替他们鼓瑟是奇耻大辱,所以当着使者的面将瑟砸碎,说:"我戴逵不做王爷府的伶人。"

晋孝武帝时期,当时著名的文豪谢安做了宰相,谢安听说了戴逵的名声,便想亲自见识见识他的才能。正好戴逵有事来到京师,谢安就专程去拜访他。两人见面后,谈论诗书,交流琴艺,聊得非常开心。其实,根据当时的风俗,宰相会见自己看重的客人,应该先讨论国家大事的,只有跟平民或伶人聊天,才会谈论别的话题。谢安跟戴逵的这次会面,一句话都不提国家大事。

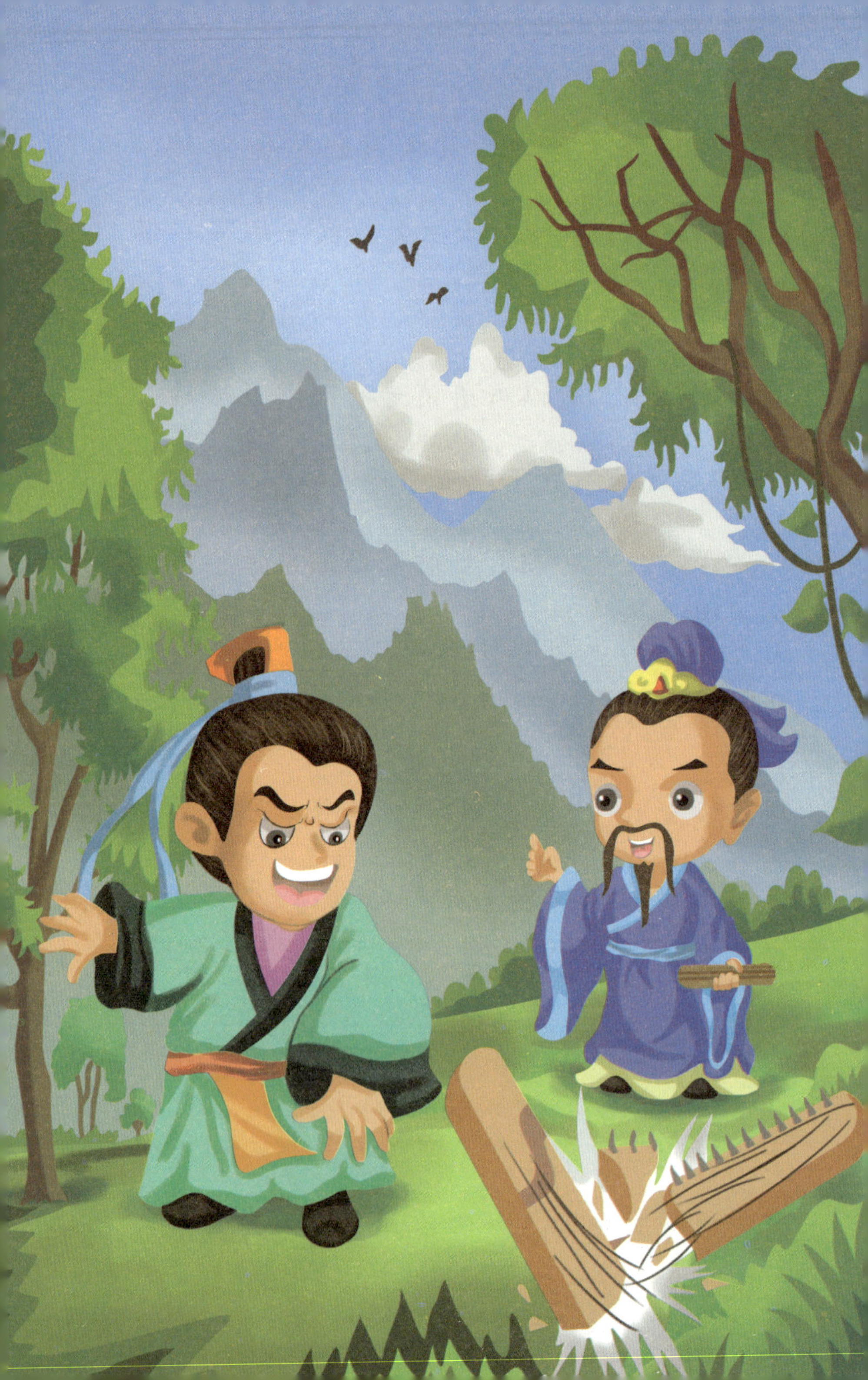

在外人看来，这是谢安对戴逵的轻视。不过，自始至终，戴逵并没有认为自己受了屈辱，相反，他非常仰慕谢安的才学，能够有机会向谢安学习，他只感到高兴。

戴逵淡泊名利，一生都没有出来做过官。他有个哥哥却总想要建立大将之功。谢安认识他哥哥，就问："你们兄弟俩人的志向和事业为什么相差那么远呢？"他哥哥回答说："因为我忍受不了隐居的那份清苦，而我弟弟也改变不了他的乐趣。"

十三覃

将对欲,可对堪,德被对恩覃。权衡对尺度,雪寺对云庵。安邑枣,洞庭柑,不愧对无惭。魏征能直谏,王衍善清谈。紫梨摘去从山北,丹荔传来自海南。攘鸡非君子所为,但当月一;养狙是山公之智,止用朝三。

译文

即将对将要,可以对能够,仁德覆盖对恩义深厚。称量轻重对丈量长短,白雪覆盖的寺院对云雾缭绕的庵堂。安邑出产的枣,洞庭出产的柑。不愧疚对没有惭愧。唐

朝魏征能够直言进谏,晋代王衍擅长清谈玄言。紫色的梨从山北摘得,红色的荔枝从海南运来。小偷被劝告说,偷鸡不是君子应该有的行为,小偷就请求允许每个月偷一只,再每年偷一只,最后就停止了;山公养猴子的智慧,在于将早上给三个橡子改为早上给四个橡子,平息了猴子的怒气。

故事链接

魏征劝谏太宗

武德九年(公元626年)十二月,唐太宗刚刚登基,为了扩大兵源,颁下诏令,在民间征召十六岁以上的健壮男子入伍。但这道诏令却遭到大臣魏征的极力反对，因为按当时唐朝的法令规定，十八岁的男子才开始服兵役。

太宗为此非常生气，责问魏征为什么不服从旨意。魏征说："放干水池去捕鱼，虽然今年得到了鱼，但是明年就再也捕不到鱼了；烧毁森林去捕野兽，虽然今年捕到了野兽，但是明年就再也捕不到野兽了。军队的质量不在士兵数量的多少，而在训练质量的高低。如果训练得法，士兵可以以一当十，您又何必为了充数，而把不够年龄的人也拉来当兵呢？您这样做的后果只会失信于民。您刚即位不久，正是需要依靠百姓的时候，您

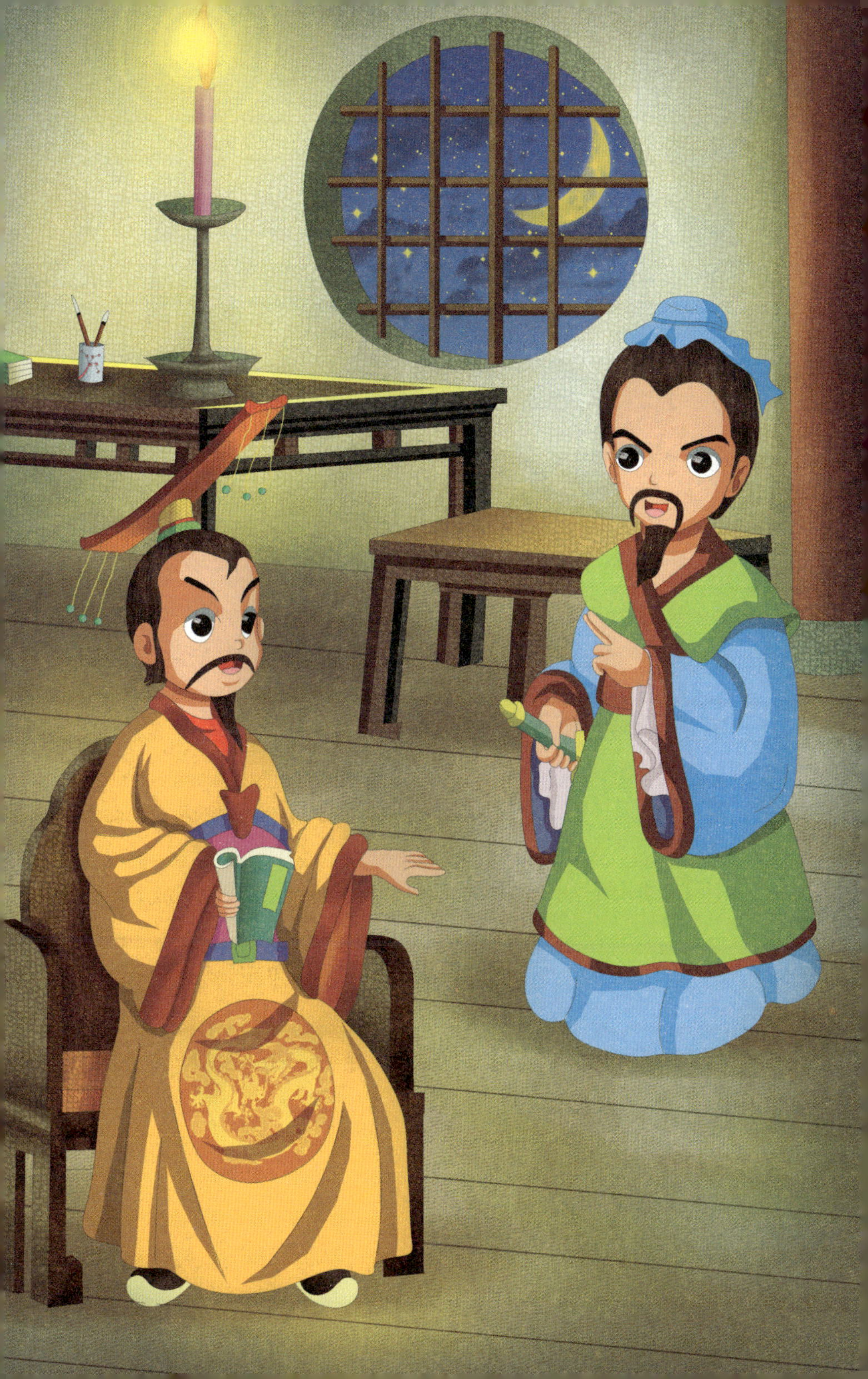

若一意孤行,以后又有谁会服从您呢?"

唐太宗反问道:"朕有什么失信于天下的事呢?"为此,魏征举了很多例子。

终于,在魏征摆事实、讲道理的苦口劝说下,唐太宗最终意识到了问题的严重性。于是他取消了这个决定,并对魏征说:"我原来以为你总是太顽固,总是说些让朕下不来台的话,但是今天听了你的话,觉得很有道理。国家如果政令前后不一,就会使百姓不知所从,那么想治理好国家就成了一句空话。"于是,唐太宗立即下令停止征召不满十八岁的男子,并赏赐魏征金瓮一口,以示奖励。

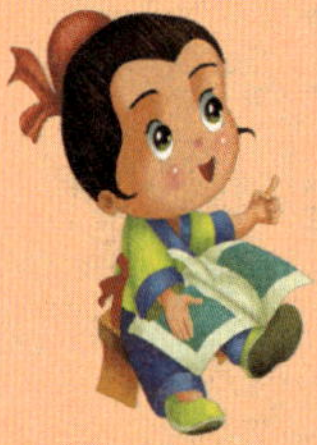